JN086331

advocacy

アドボカシーってなに？

施設訪問アドボカシーのはじめかた

栄留里美・鳥海直美・堀　正嗣・吉池毅志
Eidome Satomi　Toriumi Naomi　Hori Masatsugu　Yoshiike Takashi

解放出版社

装丁●森本良成

第2部　施設訪問アドボカシー活動マニュアル

第3部　活動ツール 105

表紙について

表紙のキャラクター＝みみうさ
作者＝あぷりこっと
アニメーション＝西坂来人
製作主体＝アドボケイトひろめ隊

　アドボケイトCMアニメーションのキャラクターを子どもたちから募集。キャラクターに採用されたのが「みみうさ」である。あぷりこっとさん（14歳）が描いた。アニメーションにしたのは映像作家の西坂来人さんである。西坂さんは児童養護施設経験者でもある。

　あぷりこっとさんが「みみうさ」を描いた理由は、うさぎの耳をより大きく描くことで子どもの声をよく聴いてくれるイメージにしたかったこと、うさぎは静かにそばにいてくれること、マイクは武器として子どもの声を大きくしてくれるという意味があるとのこと。アドボカシーを象徴するものとして、このキャラクターを表紙にした。

　みみうさのアニメはYouTubeで公開している。（詳細は本書第3部の110ページ）

（栄留里美）

はじめに

本書の目的

　あなたが施設で生活をしていて、施設のルールや食事などに不満を
もっていたとしましょう。忙しそうにしていたり、お世話になってい
る職員にそのことを伝えるのはむずかしいかもしれません。職員や他
の利用者からの暴力について、「言うと余計にひどい虐待を受けるか
ら我慢しよう」と思う人もいるかもしれません。

　そんなときに、施設の外から利用者の思いを聴き、代弁していく取
り組みが「施設訪問アドボカシー」です。

　本書は、イギリスで行われている施設訪問アドボカシーを参考に、
児童養護施設・障害児施設・障害者施設で実際に施設訪問アドボカ
シーを実践したノウハウやツールを提供し、読者の方々が活動を始め
やすくすることを目的としています。

　本来、アドボカシーはすべての場で必要とされています。アドボカ
シーの共通基盤を土台に、高齢者施設、病院、学校など、他の分野で
のアドボカシーに取り組もうと考えておられる方々にも活用していた
だくことを願っています。

アドボカシーの制度化の機運と試行実践の経緯

　アドボカシーは、いま、制度化が急がれています。社会福祉基礎構
造改革によって、措置から契約へと制度が転換するなかで、弱い立場
に置かれた高齢者や障害者のアドボカシーは必要不可欠なものになり
ました。昨今では、相次ぐ虐待死の悲惨な事件を受けて、子どもアド
ボカシーの重要性が高まっています。児童福祉法改正により、2022 年
度に子どもの権利擁護制度を創設することとなり、国・自治体で検討

が進んでいます。また、市民の活動も発展しています。児童福祉領域において、アドボカシーの構築は喫緊の課題です。

　このような状況のなかで、児童養護施設と障害児施設においては2017年9月〜2019年8月の23カ月にわたって、障害者施設においては2018年4月〜2019年8月の16カ月にわたって、科研費による施設訪問アドボカシーの試行実践とアクションリサーチを行いました。研究期間終了後も、アドボケイトのみなさまの熱意により、訪問アドボカシーは継続されています。この経験から明らかになったノウハウを社会に発信し、これからアドボカシーに取り組む方々に資することが本書を刊行した動機です。

本書の構成・特徴

　「第1部　アドボカシー一問一答」では、そもそもアドボカシーとは？という基本的なところから、コンパクトにまとめています。アドボカシーに取り組む方々はもちろん、基本的なことから知りたい人にぜひ読んでいただきたいと思います。「問い」は子どもアドボカシーセンター OSAKA のアドボケイトさんから出していただきました。また、各地の講演会や養成講座、アドボカシー報告会などで、よく質問を受ける事項を意識しました。このようなかたちでアドボカシーの基本を解説した本はこれまでになく、これから学ぼうとする方にとって参考になるのではないかと考えています。

　本実践で明らかになったノウハウは「第2部　施設訪問アドボカシー活動マニュアル」にまとめています。これから実践に取り組む方々は、まず第2部をご覧ください。また、実践で使用した活動のツールや資料は「第3部　活動ツール」に収録しました。場面ごとにまとめているので、ご活用いただければ幸いです。

　私たちの実践の特徴は、子どもの施設だけでなく、おとなの施設への訪問アドボカシーも行ってきたことです。マニュアルも、ツールも、

一問一答も、この両方の実践の成果を収録しています。私たちは、この経験を通して、子どもの施設にもおとなの施設にも共通するアドボカシーの基本構造があることを実感しました。これはすべての場におけるすべての人に対するアドボカシーに共通する土台です。一方、児童養護施設と障害児施設の違い、おとなの施設と子どもの施設の違いにもとづく、アドボカシーの独自性も明らかになりました。本書が、この共通性と独自性をふまえて、さまざまな場で多様なアドボカシーが創出されるきっかけになることを願っています。

実践者・著者の紹介

　訪問アドボカシー試行実践は、公益社団法人子ども情報研究センター（2017年度〜2019年度）および子どもアドボカシーセンターOSAKA（2020年度）に所属するアドボケイトのみなさまに主として担っていただきました。また、事務局のみなさまにも、さまざまなバックアップをいただきました。さらに、障害児者施設訪問アドボカシーでは、自立生活センターの「あるる」「夢宙センター」「ムーブメント」に所属する障害当事者のみなさまにアドボケイトとして、あるいは子ども版ILP（自立生活プログラム）のリーダーとして、多大なご協力をいただきました。児童養護施設訪問では、社会的養護経験者などの団体であるCVV（Children's Views and Voices）の方々にアドボケイトやアドバイザーなどとしてご尽力をいただきました。

　また、アクションリサーチは、久佐賀眞理さん（元長崎県立大学教授・現シオン園施設長）、農野寛治さん（元大阪大谷大学教授・現常盤会短期大学学長）のお二人の研究分担者との共同研究として行いました。お二人のスーパーバイザーやファシリテーターとしてのご尽力は、研究を進めるうえで欠くことのできないものでした。とくに本書第2部には、お二人が執筆された内容を基にしたものも含まれています。

　さらに、アクションリサーチを実践した各施設の利用者および職員

のみなさま、その他多くの当事者・市民・研究者のみなさまにご協力
をいただきました。

　本書は便宜上 4 人の共著としていますが、実質的には上記のみなさ
まとの共同の実践の産物です。試行実践とアクションリサーチを共に
進めていただいたみなさま、またご協力いただいたすべてのみなさま
に、心よりお礼を申し上げます。なお、「研究協力機関・協力者一覧」
を巻末に収録していますので、ご参照いただければ幸いです。

　出版については担当いただいた編集部の小橋一司さんをはじめ、解
放出版社のみなさまにたいへんお世話になりました。出版事情が厳し
いなか、本書を世に出していただいたことを深く感謝いたします。

　なお、本書は「障害児者入所施設における訪問アドボカシーシステ
ム創出のためのアクションリサーチ」（科研費基盤研究 (B)（研究代表者：
堀正嗣）17H02617）および「児童福祉施設へのアウトリーチ型権利擁護
システムの開発」（科研費基盤研究 (C)（研究代表者：栄留里美）117K01931）
による研究成果の一部です。

　　2020 年 10 月

　　　　　　　　　　　栄留里美・鳥海直美・堀 正嗣・吉池毅志

解説

私たちが行った施設訪問アドボカシーとは？

1 参考にしたイギリスの施設訪問アドボカシーとは何ですか？

　英国では、知的障害などのため意思決定能力に制約のある人々、および精神医療ユーザーのためのアドボカシーが制度化されています。また、子どもの意見表明権の保障に重きを置いた子どもアドボカシーサービスの提供が自治体に義務づけられています（英国の取り組みの詳細は、堀編 2011 および栄留 2015 をご参照ください）。子どもアドボカシーサービスの一部である施設訪問アドボカシー（Residential Visiting Advocacy）は定期的に施設を訪問し、子どもの思いを聴き、子どもが施設や関係機関に意見を表明できるように支援する事業です。子どもからのアクセスを待って実践を開始するのではなく、アウトリーチにより行うところに特徴があります。

2 どのように研究・実践したのですか？

　研究方法としてアクションリサーチを採用しました。アクションリサーチは「望ましいと考える社会的状態の実現を目指して研究者と研究対象者とが展開する共同的な社会実践のことである」（矢守 2010：1）と定義されています。「目標とする社会の実現に向けて『変化』を促すべく、研究者は現場の活動に『介入』していく」（矢守 2010：1）のです。

　次ページの図に「試行実践とアクションリサーチの全体像」を示しました。研究の流れとしては、まず「①訪問アドボカシー」の実践および「②権利ワークショップ」をアドボケイトが実践します。その実践の「③事例検討会（スーパービジョン）」のスーパーバイザーとして研究者は参加し、また職員研修を含む「④コーディネート」を研究者が

試行実践とアクションリサーチの全体像

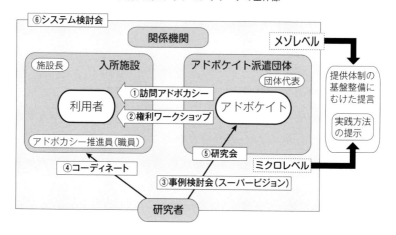

担当しました。「③事例検討会（スーパービジョン）」「④コーディネート」「⑤研究会」により、研究者は現場の活動に参画しました。なお、障害者施設での実践では、担当研究者（吉池）はアドボケイトとしても活動しており、より能動的なアクションリサーチが実践されました。

「⑤研究会」が研究のコアとなる活動です。原則として月１回、試行実践を行った３施設合同の全体研究会を実施し、研究者・アドボケイト・研究協力者が一堂に会して研究協議を行いました。その後は施設ごとの分科会に分かれて、アクションリサーチャーであるアドボケイトとコーディネーター兼スーパーバイザーである研究者が事例検討（アドボカシー実践の反省的分析と改善）、「⑥システム検討会」の準備などを行いました。

「⑥システム検討会」は、メゾレベルのアクションリサーチによって、施設とアドボカシー提供団体の契約やアドボケイトと施設職員の連携のあり方、利用者の声に根ざした生活環境と支援の改善方策について、施設職員・アドボケイト・研究者が共同で検討する場でした。

3 どのように進めていったのですか?

　以下に書くように、六つのステップがあったと思います。

①研究開始と事前訪問

　2017年4月に科研費の採択を受けて研究を開始し、障害児施設および児童養護施設については同年8月まで、本格的なアドボカシー実践を開始する準備期間として事前協議と事前訪問を行いました。障害者施設については、2017年12月から2018年3月にかけて事前協議と事前訪問を行いました。

②契約の締結

　施設訪問アドボカシー試行実践は、利用者の生活の場にアドボケイトが訪問し直接かかわっていくため、大きな責任が伴います。また、施設からの独立性と意見表明支援の権限を担保する必要があります。そのため、施設との十分な事前協議を行い、「アドボカシー利用契約書」(第3部収録) を交わしました。

③アドボケイト養成講座とアドボケイトの選任

　派遣するアドボケイトの人選は慎重に行い、子どもや障害児者の相談支援に経験があり人権意識をもった市民に「施設訪問アドボケイト養成講座」の受講を求め、その修了者から選考しました。養成講座は、本研究開始前の2016年度 (第3部収録)、2017年度、2018年度の3年間にわたって実施しました。

④試行実践とアクションリサーチ

　児童養護施設と障害児施設においては2017年9月〜2019年8月の23カ月にわたって、障害者施設においては2018年4月〜2019年8月の16カ月にわたって、原則として週1回、複数のアドボケイトが訪問しました。その実践を実践者と研究者が共同で分析し、アクションリ

サーチを行いました。

⑤個別アドボカシーの実施

2018年4月より、児童養護施設において児童自立支援計画への子どもの意見表明支援を開始し、本格的な個別アドボカシーの実践を始めました。2019年11月より、障害児施設においても個別支援計画への子どもの意見表明支援を開始しました。障害者施設では、2018年12月に始まるアドボカフェの取り組みにより個別アドボカシーが開始されました。

⑥専門的研究会

2019年9月以降も、アドボケイトによる定期訪問は継続し、研究者による専門的研究会を積み重ねてきました。また、2018年3月・2019年3月・2020年5月の3度にわたって公開型の年次報告会を開催し、また学会で研究成果の報告を行いました。

文献

矢守克也（2010）『アクションリサーチ―実践する人間科学』新曜社

堀正嗣編著, 栄留里美, 河原畑優子, Jane Dalrymple（2011）『イギリスの子どもアドボカシー その政策と実践』明石書店

栄留里美（2015）『社会的養護児童のアドボカシー―意見表明権の保障を目指して』明石書店

第1部

アドボカシー一問一答

❶ アドボカシーとは何ですか？

　英語の advocacy はラテン語の「ad（だれかに向かって）＋ vocō（呼ぶ）」を語源とする言葉で、英語でいえば「to call」（声をあげる）という意味です。たとえば川でおぼれている子どもの場合、子ども自身が「助けて」と声をあげることはむずかしいかもしれません。でも、目撃したおとなが、あるいは友達が、「大変だ、助けて」と声をあげることは可能で、その声を聞いて集まってきた人たちがその子を助け出すことができるかもしれません。そのように、権利を侵害されている当事者のために声をあげることがアドボカシーです。

　人はだれでも悩みや問題をかかえたり、権利侵害にさらされることがあります。そしてひとりで解決することがむずかしく、だれかの助けが欲しいと思うことがあります。そのため、アドボカシーはすべての人に必要です。

　しかし子どもや障害者、高齢者、患者、LGBT、在日外国人などのマイノリティ（被差別少数者）にはとくに必要となります。たとえばイギリスでは、1884 年に設立された民間団体の NSPCC（全国児童虐待防止協会）が、130 年以上も前から子どもアドボカシーを実践してきました。NSPCC の設立当時の活動は、親から虐待を受けている子どもを救うために裁判を起こしたり、シェルターで保護したりするとともに、児童虐待防止保護法（1889 年）の制定のためのロビー活動を行うなど、社会的なものでした。

　子どもアドボカシーが実践されているイギリス・イタリア・カナダでは、「子どものマイクになること」「子どもの声を運ぶこと」「子どもの声を持ち上げること」と説明しています。マイノリティの声は小さ

くて、日常生活や社会に影響を与えることがむずかしいため、第三者によるアドボカシーが求められているのです。「小さい」という言葉の意味は、「力が弱い」ということです。社会では「声の大きい人」、つまり力が強い人の意向で物事が決まっていきます。そうしたなかで、力の弱いマイノリティの声は無視されたり、軽視されがちなのです。このような状況に置かれている人々の声を大きくして、日常生活や社会に影響を与えられるように支援する活動がアドボカシーです。

　アドボカシーは福祉や医療の領域を中心に発展してきました。障害や認知症などのために声をあげることがむずかしい人たちや、親や親族による支援を受けることができない子どもなどが多いからです。

　たとえば、イギリスでは知的障害や認知症などのために意思決定能力に制約のある人たちのための「独立意思能力アドボカシー」や、精神障害者のための「独立精神保健アドボカシー」、社会的養護の子どもなどのための「独立子どもアドボカシー」、医療制度を利用している患者のためのアドボカシーが制度化されています。アドボカシーを利用する権利がこうした人たちに法律で保障されています。そして、傾聴や代弁などの専門的なアドボカシー技術の訓練を受けた人が支援しています。このように独立性と専門性をもってアドボカシーを実践する人をアドボケイトと呼びます。日本でもこのような制度が求められます。

　しかしアドボカシーは、福祉や医療の領域だけでなく、どこでも必要なものです。たとえば刑務所や少年院などは閉鎖的になりがちで、権利侵害にさらされていてもだれにも相談できない人たちもいます。学校でもいじめで苦しんでいる子どもがいます。DVやセクハラ、差別で苦しんでいる女性もいます。職場でパワハラや退職強要を受けて苦しんでいても、声をあげられない人たちもいます。

　あらゆる場で、権利侵害を受けている当事者の意見や気持ちを傾聴して、権利が守られるように周囲に働きかけるアドボカシーが求められているのです。

（堀 正嗣）

2

アドボカシーには、
どのようなものがありますか？

　アドボカシーとは、権利を侵害された当事者のために「声をあげる」という意味です。それを実践するアドボケイトは「声をあげる」人、つまり代弁者を意味しています。一方、オンブズパーソンの原語は、ノルウェー語のオンブッドで、これもスカンジナビアの古語で「代弁者」という意味です。言葉の原義は、どちらも同じ内容を指しています。

　そのうえで、ふたつの言葉の使われ方の違いをみてみます。オンブズパーソンは、スカンジナビアで中世に「王の代理人」として、各地で行政がきちんと行われているかどうかを監視する制度でした。1809年に、スウェーデンでこれが議会オンブズパーソンとなりました。「市民の代理人」として、法律に従って行政がきちんと執行されているかどうかを監視し、権利侵害を受けている市民がいれば救済するものでした。それが、20世紀後半には、子ども、障害者、外国人、女性などマイノリティの権利を擁護する「専門オンブズパーソン」に発展しました。

　このようにオンブズパーソンは、高い権威と権限をもった官職としてスカンジナビアで発展し、それが各国に広がっていった歴史があります。今日では、パリ原則（国内機構の地位に関する原則）に従って、各国国民の人権水準の向上のため、政府、議会および権限を有するすべての機関に対し、人権の促進および擁護に関する監視、調査、勧告、救済、啓発などを行う、政府から独立した機関（国内人権機関）を指す言葉として一般に理解されています。したがって、「市民の代弁者」ではありますが、公的第三者機関として、客観性のある公正な調査、勧告などを行うことが求められています。

これに対して、アドボカシー活動は、権利侵害を受けた／受けやすい人々に対する市民による権利擁護活動として欧米で発展してきました。長い歴史のあるフェミニズム運動、1950年代から60年代にかけてアメリカで展開された公民権運動（黒人や少数民族の平等な市民権を求める運動）や福祉権運動（生活困窮者の福祉受給権の保障を求める運動）、1970年代に英米日などで展開された障害者の自立生活運動などが、その淵源（えんげん）です。こうした運動では、権利の実現のために当事者自身が声をあげるとともに、当事者を支援する家族、友人、市民、ソーシャルワーカーなども一緒に声をあげました。

　当事者が自らの権利のために自ら声をあげる活動を、セルフアドボカシーと呼んでいます。第三者が当事者の権利を代弁する代理人型のアドボカシーは、この当事者のセルフアドボカシーに依拠しなければ、当事者を依存させ無力化することに堕してしまう危険性があります。また、権利侵害を受けた個人の権利を擁護する活動を個別アドボカシー、法律や制度など公共性の高いものに働きかけ、変革する活動をシステムアドボカシーと呼んでいます。

　このように、オンブズパーソンは権利擁護のための公的機関の活動、アドボカシーは市民によるボランタリーな活動を指すのが一般的な用法です。しかし、たとえばスウェーデンでは、1995年の精神科改革から生まれたパーソナルオンブズマンという制度があります（Jesperson 年不明）。パーソナルオンブズマンは専門的な訓練を受けた人であり、独立性と守秘をもって、患者のみの代理人として活動します。これはイギリスの独立精神保健アドボケイトと類似した役割です。また、カナダには「子どもアドボカシー事務所」などと呼ばれる公的機関が各州にあります。これは公的第三者機関であるとともに、個別のアドボカシーをも提供するものです。このように、言葉だけでなく実態を見て、どのような活動なのかを判断する必要があります。

（堀 正嗣）

3

アドボカシーで大切なことは何ですか？

　アドボカシーの6原則を「①独立性、②エンパワメント、③当事者主導、④守秘、⑤平等、⑥当事者参画」の順に説明します。

　①独立性とは、当事者に関する意思決定を行う機関（福祉事務所、児童相談所など）や福祉・教育・医療などの提供機関と利害関係をもたないという意味です。行政、施設、学校など、何らかの組織に所属する職員がアドボカシーを行う場合には、組織の方針や利害と利用者の希望や意思とのあいだで板挟みになる危険性があります。極端な場合には、利用者の立場に立ちすぎると職を失う恐れさえあります。利害関係のない第三者のみが、一途に当事者の側に立って活動できるのです。

　②エンパワメントは、当事者が自分の言葉で意思や意見を表明できるように支援することとかかわっています。権利侵害のなかで自信や誇りを奪われてきた当事者が、内的抑圧から解放され力を取り戻すプロセスだといえます。そして当事者とともに周囲の人や環境に働きかけ、外的抑圧を取り除いていきます。このプロセスで当事者の自信や誇りがさらに強まっていきます。この循環をつくりだすことがエンパワメントです。

　③当事者主導とは、アドボケイトは当事者の指示と許可にのみ従って行動するということです。ベイトマン（Bateman 1998：24）は、このことを「当事者が運転席に座れるようにすること」と表現しています。アドボケイトは、あくまでナビゲーターであり、当事者が望む目的地に到着できるように支援する役割です。アドボケイトが運転席に座って自分が行きたい場所に当事者を連れていってしまったら、アドボカシーではありません。アドボケイトは支援者が考える「最善の利益」

ではなく、本人の意思や希望に依拠します。

　④守秘とは、当事者の許可なしに、当事者から聴いたことを他者に伝えてはならないということです。ただし、組織内のケース会議などの際には開示することができます。

　これは記録についても同様です。たとえば、スウェーデンのパーソナルオンブズパーソンは当事者に関するいかなる記録も保存しません（Jesperson 年不明）。そして当事者との契約が終わったときには、当事者のために作成した行政機関への手紙などのすべての書類は当事者に渡されるか、当事者立ち会いのもとで完全に廃棄されます。このようにして当事者のプライバシーが完全に保護されるようにしているのです。

　ただし、虐待や暴力など当事者の生命・身体などに危害が及ぶ可能性がある場合には、当事者主導や守秘を貫けないケースもあります。その判断は慎重に行う必要があります。

　⑤平等とは、すべての当事者が平等にアドボカシーにアクセスできるようにするということです。とくに障害児者や認知症高齢者、乳幼児などは、これまで意思決定や意見表明が困難だとされてきました。しかし多くの場合には、適切なコミュニケーション手段や意思決定支援を行えば、意思決定や意見表明が可能です。また言葉を話さない当事者たちにも意思や気持ちはあり、泣いたり笑ったりして非言語的な意見表明をしています。こうした言葉で表現されない声を代弁することも必要です。

　⑥当事者参画とは、アドボカシーは常に当事者の参画を得ながら行わなければならない、ということです。たとえば、イギリスでは子ども参画が積極的に進められており、子どもスタッフ採用、子ども委員会（アドバイザリーグループ）設置などの方法によって、子どもによる「アドボケイト募集・採用・研修・査定、アドボカシー実践への助言、運営委員会への参加、広報（出版物と情報媒体の製作と普及促進）、サービス評価」（DoH 2009：183）を行っており、参考になります。（堀 正嗣）

4 アドボカシーはひとりでもできますか？

　アドボカシーの担い手は5種類あります。まず当事者自身が行うセルフアドボカシーがあります。「当事者（障害者や子どもなど）は無力だから代弁してあげよう」という姿勢ではなく、「当事者は自分で考え、意見をまとめ、発言する力をもっている」ことを信じ、その力を信頼して支援するのがアドボケイトの基本的な姿勢です。

　そのうえで、まず家族や親族、近隣住民など身近な人がアドボケイトとして支援し合うことが一般的に行われています。たとえば子どもが学校でいじめを受けている場合に、親が学校に行って子どもの気持ちや願いを教員に伝えて対処を求めることが一般的です。こうした行動をインフォーマルアドボカシーと呼びます。

　第三はピアアドボカシーです。ピアとは同じ属性・背景をもった仲間を意味します。私たちは日常的に、友人や同僚など、同じ属性・背景をもつ仲間と助け合っています。たとえば、学校や施設などで子どもがいじめの相談を受けて、友達が一緒に先生や職員に話に行くというのはその例です。職場で過酷な長時間労働を求められたり、ハラスメントを受けた場合にも、同僚に相談することが多いでしょう。ピアアドボカシーは同じ属性をもつ仲間ならではの、深い共感と経験知の共有、ロールモデルとの出会いなどの長所があります。

　セルフアドボカシー、インフォーマルアドボカシー、ピアアドボカシーは、基本的に個人で行う活動です。したがって、アドボカシーはひとりでもできます。しかし仲間とともに行ったほうが強力な活動ができる場合もあります。「私たち抜きに私たちのことを決めるな」をスローガンに、自立生活と法律制定や制度改革を実現してきた障害者運

動は、集団的なセルフアドボカシーの代表的な例です。労働組合や、施設の自治会、患者会などが、構成員の利益を代弁する活動も、集団的なピアアドボカシーという性格をもっています。

第四に、施設や病院、学校の職員など対人援助にかかわる仕事をしている人たちは、当事者の意見や願いを聴い

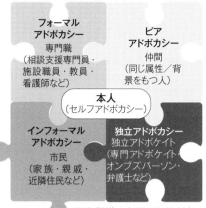

アドボカシーの担い手（アドボカシージグソー）

フォーマル
アドボカシー
専門職
（相談支援専門員・
施設職員・教員・
看護師など）

ピア
アドボカシー
仲間
（同じ属性／背景をもつ人）

本人
（セルフアドボカシー）

インフォーマル
アドボカシー
市民
（家族・親戚・
近隣住民など）

独立アドボカシー
独立アドボケイト
（専門アドボケイト・
オンブズパーソン・
弁護士など）

WAG（2009）*A Guide to the Model for Delivering Advocacy Services for Children and Young People*, WAG. を改変

て、それを尊重し代弁することが仕事の重要な一部です。児童福祉領域では児童相談所の児童福祉司や施設職員、里親が、障害者福祉領域では相談支援専門員や施設職員が、学校では教員やスクールソーシャルワーカーなど多くの専門職がその役割を果たしています。こうした役割をフォーマルアドボカシーと呼びます。

最後が独立アドボカシーです。これは利害関係のない第三者が行うアドボカシーです。弁護士や民間団体が行う施設訪問アドボカシーはその一部です。

フォーマルアドボカシーと独立アドボカシーは、基本的に組織として行うアドボカシーです。独立アドボカシーでは、アドボケイト養成やスーパービジョン、危機対応、社会への働きかけなどを組織的に行う必要があります。

このようなさまざまなアドボカシーの担い手が、ジグソーパズルのようにスクラムを組んで支援していくことにより、当事者の権利が守られるのです。しかし、現在さまざまなアドボカシーが十分に機能しておらず、さまざまな場で傾聴と参加の文化を築くことと、独立アドボケイトを制度化することが求められています。

（堀 正嗣）

5

アドボカシーセンターとは何ですか?

　独立アドボカシーは当事者運動・市民運動として展開されてきました。部落解放運動、フェミニズム運動、障害者運動、セクシュアルマイノリティの運動などは、その代表的なものです。とくに障害者運動では、自立生活センターがアドボカシーを展開してきました。自立生活とは、施設や家族の庇護のもとで生活するのではなく、障害者が地域社会で自らの意思により独立した生活を送ることを意味しています。自立生活センターは、サービス事業体であると同時に運動体という形態をとるものです。差別や権利侵害と闘ったり、施設からの地域移行を求める個人を支援したり、サービスや制度が利用できるように行政に働きかける個別アドボカシーを実践してきました。と同時に、バリアフリーや街づくり、公的介助保障制度の拡充、差別解消法の制定などを実現するシステムアドボカシーをも展開してきました。

　他のさまざまなマイノリティも、運動団体を組織し、個別アドボカシーとシステムアドボカシーを展開してきました。こうした動きの影響を受けて行政施策も進展し、福祉や精神医療の領域で権利擁護制度がつくられたり、女性センターや障害者の相談支援事業所などで個別アドボカシーが行われるようになってきました。

　子どもの分野では、子どもたち自身が運動を行うのはむずかしい状況のため、おとなによる運動が展開されてきました。子どもの権利条約の完全実施や子ども基本法制定の要求、「子どもにやさしい街づくり」、いじめや虐待防止、子どもの貧困、障害児のインクルーシブ教育などに取り組む運動が数多くあります。そしてチャイルドラインやCAP（Child Assault Prevention：子どもへの暴力防止）は、子どもの声を

聴き権利を守る活動に全国規模で取り組んできました。

　こうした活動は実質的に個別アドボカシーおよびシステムアドボカシーを展開してきましたが、アドボカシーを意識して実践してきたわけではありません。近年、カナダやイギリスの子どもアドボカシーが日本に紹介され、国や自治体でも検討が始まるなかで、アドボカシーをミッションとした市民運動が盛り上がってきました。まず CVV（Children's Views and Voices）や OUR VOICE OUR TURN など、社会的養護経験者を中心とした団体が活動しています。2020 年度には、NPO 法人子どもアドボカシーセンター OSAKA と一般社団法人子どもアドボカシーセンター NAGOYA が設立されました。こうした子どもアドボカシーセンターが、全国各地で組織化され、子どもアドボカシーネットワークを展開することが求められています。

　アドボケイトの養成もアドボカシーセンターの役割です。アドボカシーには、本来特別な資格は必要ありません。たとえば、障害者運動は強力なアドボカシーを展開してきましたが、特別な資格を持っているわけではありません。カナダのアドボカシー事務所や北欧のオンブズパーソンのスタッフも、活動や経験を通して熟練したアドボケイトに育っているのです。だからアドボカシーはだれもができるものだといえます。

　一方、イギリスの知的障害者のアドボケイト（IMCA）、精神障害者のアドボケイト（IMHA）、子どもアドボケイトは、長期にわたる専門的な講座を受講し資格を取得します。

　アドボケイトの養成では、この両者を行う必要があります。だれもが参加できるボランタリーな活動として裾野を広げるための受講しやすい講座やワークショップを開催するとともに、権利侵害からの救済を求めたり、児童相談所の措置などに不服がある子どもたちに強力なアドボカシーを提供できる力量のあるアドボケイトを養成するために、専門的な養成講座を行うことも必要です。　　　　　（堀　正嗣）

6

アドボカシー活動に制度は必要ですか？

　親族や友人が行うインフォーマルアドボカシーや同じ背景をもつ人同士が行うピアアドボカシーは、あらゆる時と場において行われるものであり、特別な制度は必要ありません。一方、行政機関、福祉施設、学校、病院、刑務所、企業など、なんらかの組織に対する意見表明や苦情／不服申し立てにおいては、それを可能にする制度が必要です。たとえば、学校で体罰を受けて傷ついた子どもの気持ちや意見を先生に伝えようとしても、制度がなければ市民アドボケイトは会ってもらえないかもしれません。児童相談所などの会議に、第三者が出席し代弁することは困難です。また、子どもが児童福祉司との面談に同席してほしいと希望しても、認められないかもしれません。

　独立アドボケイトを制度化している国にイギリスがあります。たとえば、社会的養護の子どもや障害児などは、生活にかかわる意思決定の際に、意見を聴かれる権利が法律で保障されています。施設入所などを決める公的会議にも、子ども自身が参加して意見を表明することができます。そしてその際にアドボケイトを利用する権利が保障されているのです。

　アドボケイトの財源は公費で賄われ、自治体に提供が義務づけられています。実践原則や達成すべき基準を定めた「子どもアドボカシーサービス提供のための全国基準」（DoH 2009）を国が定めています。基礎自治体の約7割は、この基準に合致するサービスを提供できる民間団体に委託しています。民間団体はこの基準にもとづいて、熱意と技術のあるアドボケイトを養成し、スーパーバイズ（指導・助言）をしています。アドボケイトは、法律にもとづく子どもの代理人として、情

報にアクセスすることができ、公的会議に出席して子どもの意見を代弁することができます。

　日本でも国によりアドボカシー制度の検討が始まっています。2019年6月に制定（一部を除き2020年4月に施行）された児童福祉法等改正法の附則に、「政府は、この法律の施行後二年を目途として、児童の保護及び支援に当たって、児童の意見を聴く機会及び児童が自ら意見を述べることができる機会の確保、当該機会における児童を支援する仕組みの構築、児童の権利を擁護する仕組みの構築その他の児童の意見が尊重され、その最善の利益が優先して考慮されるための措置の在り方について検討を加え、その結果に基づいて必要な措置を講ずるものとする」ことが規定されました。都道府県児童福祉審議会（以下、児福審とします）や子どもオンブズパーソンなどの公的第三者機関を活用した権利擁護の仕組みをつくることが検討されています。

　子どもが児福審など事務局に連絡すると、意見表明支援員（アドボケイト）が派遣されます。意見表明支援員は独立性のある民間団体への委託が望ましいとされています。そして、意見表明支援員による相談・支援をふまえて、子どもが望む場合には児福審などに所属する調査員があらためて意見を聴きます。そのうえで、必要があれば児福審の部会などで審議し、児童相談所などに意見具申する仕組みです。

　一方、2020年3月には「アドボカシーに関するガイドライン案」が厚労省の調査研究の受託団体から出されました。児福審などを活用した子どもの権利擁護の仕組みは「個別の権利救済」を目的とするものです。それに対してこのガイドラインが構想する「アドボケイト制度」は子どもの「意見形成・意見表明支援（アドボカシー）」を行う「独立専門アドボケイト」の制度化を目的とするものです。この両者が相まって、子どもの権利擁護が十全なものとなることが期待されています。

（堀　正嗣）

7

行政機関にできるアドボカシー活動は
ありますか?

問4のアドボカシージグソーのところで説明していますが、人権を守り、権利を保障するために、異なるタイプのアドボカシー活動が何層にも組み合わされていることが大切です。

たとえば、サーカスの綱渡りで、万が一の事故に備えて命を守るセーフティーネットが張られているようなものです。万が一、施設利用のなかで人権侵害や権利侵害が起きてしまったとき、ひとつのセーフティーネットだけなら、不十分で編み目からこぼれ落ちてしまうことがあります。人権や権利を、何層ものセーフティーネットが救うようなイメージです。

そのなかでも行政機関によるアドボカシーは、基本的な権利を守る第一のネットとなります。しかし、強みや弱みがあり、それのみで十分だとはいえません。

行政機関にできるアドボカシー活動の一番の長所は、制度にもとづいた対応としての公平性や、制度にもとづく予算による活動継続の安定性です。

たとえば、都道府県に障害者権利擁護センター（障害者虐待防止法）があり、「使用者による虐待に関わる相談、通報、届出」を受け付けています。これは、賃金を払う立場の職場の雇用主などの「使用者」による虐待に限定されていて、施設職員からの虐待などは対象外です。

全国各市町村の障害者虐待防止センター（障害者虐待防止法）では、各種の虐待通報に対応しています。

また、自治体によっては、保健や福祉サービスについての苦情調整委員会を設置しているところもあります。施設長や、施設の第三者委

員に相談しても解決しなかった案件などを、委員会に相談し、専門委員が話を聴いて対応する仕組みもあります。

　行政機関による電話相談窓口は、住民サービスとしての公平性が重視され、個別の相談に対して、基本的にはどの地域でも統一された対応がなされます。そして、その対応を均質化するために、対応する人たちの資質について、一定の専門性などの基準を満たすよう有資格者などの条件が定められていたり、研修がなされています。

　民間によるアドボカシー活動では、その活動団体の状況によって活動が縮小したり途絶えたりすることがありますが、行政機関によるアドボカシーは、制度が変わらないかぎり継続され、比較的安定した活動だといえます。

　さらに、行政機関によるアドボカシーには、その制度内の規程によっては公的権限があり、アドボカシー活動には公的な力が働きます。家族や友人によるインフォーマルなアドボカシーでは応じない相手が、行政機関による活動だということで、交渉に応じることもあります。

　一方で、行政によるアドボカシー活動には短所もあります。それは、規定された制度に該当しない相談に対しては、機能しないという点です。「制度の谷間」の言葉のとおり、多様なニーズに対して、柔軟性を欠く点があげられます。

　また、行政機関への相談については、施設職員からの情報収集によって、施設側の専門的な意見もふまえて、中立な立場での対応となるため、利用者側に立ったアドボカシーとはならない性質のものだといえます。

（吉池毅志）

8

当事者運動とアドボカシーは
どのような関係ですか?

　当事者運動は、差別をなくすことや、ごく当たり前に暮らす権利が認められることを求めて、同じ立場にある当事者同士が連帯し、積み重ねられてきました。

　たとえば、ある人が身体障害を理由に職場で差別を受けたとき、同じ身体障害をもつ人たちが連帯し、差別をなくすために集団で申し立て行動をすることがあります。それは、障害をもつ人が受けた差別は、同じ障害をもつ人にとっては「他人事ではない我が事」であり、直接的な被害は受けていなくても、「当事者」として差別を受けたことになるからです。

　同じ立場性のある当事者同士が、お互いの権利を守り合う活動をピアアドボカシーといいます。ピアという関係性によるアドボカシーは、あるときは支えられていても、あるときは支える側にまわるという、相互性のあるアドボカシーといえます。「お互いさま」ですから、他のアドボカシーに比べて、力関係の対等性が特徴だともいえます。

　当事者運動は、ある個人の権利を守るだけではなく、その当事者集団が置かれている状況を変えてゆくアドボカシー（システムアドボカシー）も行います。たとえば、施設での不自由さの原因が、施設を運営する制度やガイドラインにあるとき、その制度を見直すように訴えてゆくことは、当事者運動によるシステムアドボカシーといえます。

　一方、安全なものが提供されることを求める消費者運動の流れをくんで、患者中心の医療を求める患者運動もあります。たとえば、精神医療ユーザーという立場から、精神医療のあり方に異議申し立てをしてゆくことも、当事者運動によるシステムアドボカシーです。

立場の弱さなどの力関係のなかで、「嫌だ」という思いが言葉にならなかったり、言葉が声として伝えられなかったりしたときに、アドボカシー支援がとても重要になります。

　当事者アドボケイトによって、伝えられるべき声が届けられるようになり、セルフアドボカシーによって自分で伝えることができるようになった人が、時を経て、同じような経験をして声を出せない当事者のもとへ行って支えたいというモチベーション・情熱をもつことは少なくありません。業務・義務としてではなく、専門性にもとづくものでもなく、同じ経験をしているからアドボカシー支援をしようとするピアアドボカシーは、多種あるアドボカシーのなかでもエネルギーに満ちたものです。それは、アドボカシー支援が妨げられるような苦難に直面したとき、当事者運動の情熱に支えられたアドボカシーとして、容易に断念しない力を発揮し、他のアドボカシー活動にも影響を与えることになります。

　もし、アドボカシー制度を設計し、トップダウンで下ろしてゆこうとする政策がとられるようなことがあるとすれば、苦境のなかでも粘り強く継続する力のある当事者運動を除外せず制度を設計することが、アドボカシー活動を形骸化させないためには不可欠となるでしょう。

　加えて、当事者運動は、当事者運動のみに終始して非当事者との連帯を排除するときに、閉塞感や組織内権力の問題が大きくなるなど、当事者活動本来の長所を活かせなくなることもあります。当事者のみの活動を大切にしつつも、「アドボカシー」という接点で市民運動や専門職活動と連帯し、風通しのよい活動へと広がることで、社会の仕組みを変えてゆく力になることが期待されています。

（吉池毅志）

9 同じ経験をもつ当事者として アドボケイトになれますか?

　同様の経験をもつ当事者がアドボケイトとして活躍することは、非常に重要なことで、同様の経験は、アドボカシー支援を必要とする人の痛みや苦悩を深く理解する土壌となります。たとえば、入所施設での生活経験、利用者としての立場の弱さ、家族の無理解や衝突、機能障害による不自由さ、社会的な無理解・差別による苦痛など、経験した者でなければわからない痛みを共有することができます。それは、同様の経験をもつ当事者同士特有の共感と信頼感をもたらします。

　次に、同様の経験があることで、困り事の解決方法や解決手段を知っているという場合もあります。たとえば、立場が弱くて、家族に自分の人生についての願いを認めてもらえない人には、同様の悩み事に直面して乗り越えた経験をもつアドボケイトは、具体的な手立てを伝える存在となります。さらに、同様の経験があるアドボケイト（ピアアドボケイト）は、職員や家族、社会に訴える力があります。たとえば、施設経験を経て地域社会で働いているピアアドボケイトは、「あなたは、単身で暮らしたり、働くことはむずかしい」と言われた経験にもとづいて、「かつて、私も自分が伝えた願いは無理だと否定されたけれど、いまはこのようにやりがいをもって働いている」と訴えることができます。それは、アドボカシーを必要とする人にとってのみならず、「できない」とみなしている人々に対して、力強い訴えとなります。

　ピアアドボケイトには、多くの場合、簡単にはあきらめない情熱があります。それは、自身があきらめずに挑戦して実現してきた経験があるからでもあり、アドボカシーを必要とする人が弱気になったり、

あきらめそうになったときに、あきらめない力をもたらしてくれます。このような点が、ピアアドボケイトの長所です。

　一方で、ピアアドボケイトがアドボカシー支援をする際には、当事者特有の留意点もあります。ひとつは、共感性があるがゆえに、「同じ当事者だから、あなたのしんどさはわかる」と、他者の痛みがわかるという思い込みが先行してしまうことです。当然ながら、一人ひとりの人生経験は異なるため、十分にその人との時間を共にしていない段階で、また相互理解が深まっていない段階で、先走った「全部わかるよ」という思い込みには留意する必要があります。

　次に、自分の経験にもとづく考えを押し付けないことも大切です。「自分の場合だから、○○さんには合わないかもしれないけれど」と断ったうえで、自身の経験や提案を伝える配慮が大切です。

　たとえば、ある施設利用者から「職員が、私に○○をしてくるのが嫌なので、施設長に伝えてほしい」と言われるような場面があったとして、その声を聴いたアドボケイトとして、「職員として不適切だから辞めさせてほしい」「このような施設は閉鎖するすべきだ」と反応する場面を考えてみてください。同様の経験をしているがゆえに、自分の経験した苦痛と重なってしまって、本人の願いや利益よりも、「自分が解決したい問題」や「自分の理想」を優先して訴えたり、本人の願いとは異なる施設批判をしないことが大切です。

　また、アドボケイト自身のケアも大切な課題となります。とくに、当事者アドボケイトの場合は、過去に自分が経験したつらい記憶を思い出す場面があるかもしれません。自身のしんどさを整理し自覚しておくことや、他のアドボケイトの協力を得て支えてもらうことが大切です。

　最後に、当事者同士といっても、人間関係には相性があるということにも留意し、「自分と合わなくても、他のアドボケイトとうまくいけばよい」と考える柔軟性ももちましょう。

（吉池毅志）

10

どのような人がアドボケイトになるのですか?

　とくに独立型のアドボカシーでは、中立ではなく、その人の側に立つという役割を果たすことが重要ですので、専門性や当事者性がなくとも、その役割を理解していることがアドボケイトとして期待されます。

　イギリスの市民アドボカシーの実践者であるベイトマンは、アドボカシーを「他の人のために行動し彼らの必要とするものを得るために最善を尽くす際の倫理的な原則にもとづく目的的な活動」と定義し、「アドボカシーは、たまたまもっている人もあり、もっていない人もあるスキル」と、人々の素質にもとづくスキルという要因を強調しています。

　ベイトマンが指摘するスキルは、「他者のために最善を尽くすこと」と「不公正に注目し、挑戦すること」の2点に集約されます。この2点は、いずれも熱意にもとづいているということが大切です。

　この2点の資質をもつ市民もいれば、専門職であってもこの点をもたない人もいますので、「何を大切にして行動する人なのか」が、アドボケイトの資質としてとても重要な点だといえます。

　施設訪問アドボカシーに取り組んだ私たちの研究では、アドボケイトと出会った方々が評価したアドボケイトの資質は、応じてくれる、話を聴いてくれる、親しみを感じる、感じがいい、楽しいといった点でした。これらの評価をふまえていえることは、第一に利用者から期待される人間性を備え、良好な関係性を築いてゆける資質が必要だということです。そして、よい関係を築くだけではなく、先に示したふたつの資質をもって行動してゆける人が、アドボケイトとして必要と

されています。このような資質をもつ人が、アドボケイト養成研修などを受け、知識や技術を兼ね備えて、アドボカシー活動の理解を深めることが大切です。

　アドボカシーセンターのような市民を中心とした独立型アドボカシーでは、その対象となる人や施設とは利害関係をもっていないことも、アドボケイトの条件となります。

　たとえば、Ａという入所施設に訪問するアドボケイトは、自身や家族がその施設の利用者であったり、またその施設と同じ法人の職員であったり、その施設になんらかの業務を委託している関係者であると、その利害関係がアドボカシー活動に支障をきたすことにつながります。利用者の声を伝えるべきときに、利害関係に与える影響を考え、声を薄めたり、願いを加工するようなことが生じかねないからです。これは、アドボケイト個人の資質による問題ではなく、立場性による問題だといえます。

　言い換えれば、どれだけ資質の高い施設職員や社会福祉士といった専門職の職員であっても、施設利用者の側にのみ立つアドボケイトにはなりえません。それは、独立型アドボカシーとは、中立ではない独立した立場性が重要だからです。たとえれば、法廷で弁護士はその人の側にのみ立つことができるから弁護士なのであって、中立公平の裁判官と兼ねることはできないのと同じです。

　個人の資質、人生経験、職業的専門性、多様な属性など、アドボケイトそれぞれに多様性があることが、重層的なアドボカシー活動につながります。ひとりですべてを兼ね備えるのではなく、それぞれの強みや持ち味を活かし、それぞれの短所を補い合いながら、独立した立場性を重視した活動のなかで活躍することが期待されています。

（吉池毅志）

11 アドボケイトへのサポートはありますか？

　アドボカシーの過程で、アドボケイトは多くの困難や葛藤に直面します。たとえば、施設を訪問するアドボケイトが本人とともに「外出回数を増やしてほしい」という意見を施設職員に伝えると、「人手が不足している」、「集団生活を維持するための施設の規範になじまない」などの理由で迅速に聴き入れてもらえないという状況が想定されます。また、児童福祉施設で暮らす子どもが措置変更になって急遽退所し、子どものアドボカシーが強制的に終結せざるをえないという状況に置かれることもあるでしょう。さらに「子どもの将来にとって何が望ましいか」というアドボケイトの支援観が先走ってしまうと、子どもの最善の利益を優先する原則と、アドボケイトに求められる当事者主導の原則をめぐって価値葛藤が生じることもあります。

　このようなことから、アドボケイトに対してスーパービジョンが定期的に実施されます。スーパービジョンとは、経験や知識をもつスーパーバイザーと援助者が定期的に面接をして、利用者へのサービスの質の向上と、援助者の養成を図ることを目的として行われるものです。アドボカシー経験を有する主任アドボケイトや、アドボカシー提供団体の役員などでスーパービジョンの能力を有する者がスーパーバイザーを担うことがふさわしいでしょう。

　スーパービジョンには一般的に、支持的機能、教育的機能、管理的機能があるとされています。人数の多い施設職員に対峙するなかでかかえる孤独感や、集団生活を維持するための規範が重んじられる施設という空間で経験する無力感を、スーパーバイザーが共感的に理解する支持的機能は、アドボケイトが本来の力量を発揮するために重要と

なります。また、職員が利用者の集団生活を管理するという権力関係がみられる施設に、制度上の権限をもたないアドボケイトが訪問して、独立性・エンパワメント・当事者主導などのアドボカシーの原則を具現化することは決して容易ではありません。「本人の発言を誘導していなかったかどうか」など、アドボケイトの思考判断のあり方について反省的省察を促すための対話による教育的機能は、アドボカシーの原則に立ち戻るために重要となります。さらに、虐待を発見した場合には施設長への通知や関係機関への通告など、アドボカシー提供団体としての判断が求められることから管理的機能も必要となります。

　スーパービジョンの方法には、個人スーパービジョンとグループスーパービジョンがあります。アドボケイトはアドボカシーの進捗状況に関して記録を作成し、その記録を主任アドボケイトが随時確認することを前提にして、月1回程度の頻度でスーパービジョンが行われることになります。同僚のアドボケイト2〜6人程度でグループを構成し、相互の経験から学び合うピアスーパービジョンの機能を活用することも有効でしょう。アドボケイトの求めや、主任アドボケイトの判断に応じて、個別スーパービジョンを随時行える体制も必要となります。

　なお、「施設訪問アドボカシー利用契約書」（第3部・資料2）第10条5のとおり、施設への改善申し入れや虐待通告など組織的な対応が求められる場合には、アドボケイト、スーパーバイザー、団体の担当理事によってカンファレンスを開催し、具体的な対応活動について協議が行われます。さらに、担当する利用者の理解を深めることや、アドボカシーのスキルを向上させるために、アドボケイトの求めに応じて、隣接領域の専門家から専門的知識や助言を得る機会を設けることも、アドボケイトを間接的にサポートすることにつながります。

（鳥海直美）

12

施設訪問アドボカシーが
なぜ必要なのですか？

　施設訪問アドボカシーが求められる理由として、第一に、閉じられた施設空間において、利用者と職員のあいだ、または、複数の利用者のあいだに力の優劣が生じ、自由な発言が制約されてしまう状況があるものと考えられます。第二に、既存の苦情申し立てにかかわる権利擁護の仕組みが十分に機能していないことがあげられます。

　社会福祉施設は職員のなかから苦情受付担当者および苦情解決責任者を選任し、施設で暮らす人からの苦情を解決する仕組みを整備しなければなりません。当事者間での解決がむずかしい場合には第三者委員が関与して苦情の解決を図ることとされています。しかしながら、児童養護施設や障害児施設の職員を対象とする調査においては、これらの苦情解決の仕組みに十分な効果がないという結果が示されています（堀 2018：49, 143）。その背後には、子どもと職員のあいだに支援される者と支援する者、加えて、子どもとおとなのように、重層的な力関係が生じてしまい、子どもが発言を控えてしまう状況がみられます。子ども同士であっても、年齢や施設の入所年数などによって力の序列関係ができてしまい、思いを伝えることがむずかしいという状況がみられます。施設で暮らす障害児は次のように語っています。

　　「（施設で一緒に暮らす）友達とかにいじめられたりしても、そのいじめた子が『言うなよ』みたいなことを言ったら、（職員に）言いたいねんけど、言ったらまたいじめられるから言いたくないというのもある」（堀 2018：175）

　このように「言いたくない」という状況に追いやられてしまった子どもを支援するのが、独立性を有したアドボケイトです。職員から重

篤な権利侵害を受けた場合には、他の職員や施設長よりも、利害関係のない外部の人にこそ相談しやすいこともあるでしょう。第三者のアドボケイトが、対人援助が提供される場に存在することによって、支援空間の閉鎖性、支援者の優位性、支援行為に内在する暴力性を弱めるものと考えられます。

　児童福祉施設には第三者機関に苦情を申し立てる仕組みも整備されています。措置入所の際に子どもの権利ノートが配付され、それに記載されている都道府県児童福祉審議会に電話や投書で苦情を申し立てることができます。実態調査では、子どもからの連絡や相談がなかった自治体は93.8%でした（子ども情報研究センター 2018：85）。このように子どもからの連絡や相談が少ない理由として、乳幼児や低年齢児にとっては電話をかけたり、はがきを書いて投函する行為がむずかしいと考えられます。

　言葉による表現に制約の大きい障害児にとっても、電話やはがきを扱うことには大きな障壁があります。障害児の意見表明権については、障害者権利条約第7条3項に「意見を表明する権利を実現するための障害及び年齢に適した支援を提供される権利」が示されています。ここで提供されるべき支援とはどのようなものでしょうか。障害児の暮らしの場に出向いて行われるアウトリーチ型であって、意見表明のあらゆる過程で本人に寄り添ってコミュニケーションを支援する人的支援であることが求められます。アドボケイトはそのような支援を担う者として位置づけられます。

　アドボケイトが施設に訪問することは、障害児と職員との関係性のみならず、地域社会との閉ざされた関係性を開放しようとするものであり、それは障害児が地域社会の一員として育つ権利をどのようにして保障するかを考える営みへとつなげられていくものです。

（鳥海直美）

施設訪問アドボカシーはどのような施設で取り組まれるのですか?

　施設訪問アドボカシーは、すべての入所施設でなされることが理想であり、制度に位置づけられ、施設利用者の声が軽視されない社会をつくることが期待されています。

　現時点では施設訪問アドボカシーの制度はなく、諸外国のようなシステムをつくるために、試行実践による研究が始まったばかりです。私たちのアクションリサーチでは、施設を選ぶ方法は2種類ありました。ひとつは、アドボカシーセンターと関係のある施設への依頼によるもので、もうひとつは、初対面の施設への依頼によるものです。

　前者の方法では、業務や研究などですでに施設や施設長と関係性があるところに依頼し、契約を結びました。この場合は、すでに一定期間の協力関係と、それに伴う信頼関係があるので、導入はスムーズに進みました。一方、アドボカシーセンターとつながりのなかった施設への依頼については、地域の当事者団体に相談し、アドボケイトによる訪問を受け入れてもらえそうな、地域から信頼されている施設を紹介してもらいました。

　本来は、利用者のニーズを中心に考えて、施設の改善を求める声が多く漏れ聞こえる施設から優先して着手する必要があるともいえます。しかし、国の制度や自治体で承認された事業のような、公的なシステムの基盤がないなかでは、一定の成果が得られるまで施設訪問アドボカシーを継続して実施できる施設で取り組むことが大切です。一定の実績や評価が得られたなかで、先駆的な取り組みの報告を重ねて活動を広め、自治体事業化や国の制度化をめざしてゆく戦略も必要です。

一方で、残念ながら痛ましい施設内虐待事件は例年報告され、枚挙にいとまがありません。そのような事件が発生した法人施設では、第三者委員を招いた検証委員会が設置され、再発防止にむけた検討がなされます。このような危機は、転機でもあります。施設訪問アドボカシーに携わってきた人が参画したり、再発防止策の一環として、施設訪問アドボカシーを取り入れてゆくことも重要です。実際に、施設訪問アドボカシーというシステムは、施設内などで起きた残念な出来事を、二度と繰り返さないように検討されるなかで生まれてきた面があります。

　公的制度化や事業化がなされた場合、公的な財源保障にもとづいて実施できますが、そのような仕組みができるまでは、財源のないなかで無償活動から着手することもあります。

　事業予算の伴う制度がない場合は、社会的ミッションに応えようとするアドボカシーセンターが、団体予算にもとづいてボランタリーに実施する場合もあります。しかし、そのような場合でも、重要な活動を継続してゆくために、活動の財源基盤を整えてゆくことが課題となります。公的な制度や事業が整備されるまでの活動手段として、活動趣旨に賛同してくれる法人施設から、法人のボランティア予算や施設サービス向上予算など、なんらかの事業予算を提供していただく場合もあります。

　施設から活動への報酬をもらうことについては、留意すべき事柄もあります。施設から報酬を得ることで利害関係が生まれ、率直な意見や指摘、改善要求、批判がしにくい雰囲気になることがあるからです。

　施設訪問アドボカシーに着手し継続させ、定着させるためには、最初から非の打ちどころのない理想的な計画を立てることにこだわるのではなく、「活動をしたい」という「思いの芽」を枯らさないよう、その発展段階によっては現実的な妥協もしながら、適切な判断を積み重ね、長い目で活動を育ててゆくことが大切だといえます。　（吉池毅志）

施設と職員にとって施設訪問アドボカシーは役に立ちますか?

　施設職員にとってアドボカシー活動は役立つのでしょうか。実際にアドボケイトを導入した児童養護施設の職員7人へのインタビューから、4つのメリットをあげてみます。(栄留 2020)

①職員の権利意識が向上した

　忙しすぎて「横道」におきがちだった子どもの願いを叶(かな)えるようになった、子どもの権利を意識するようになったという意見がありました。また職員にとっても知らなかった子どものニーズ「お父さんについて知りたい」などを知ることができたそうです。

②外部の目がよい刺激となった

　「最初はお目付け役と思った」けど、その緊張感が「当たり前にやってることがいいことか、ずっとやってるとわからなくなるので意味がある」「いい意味での緊張感」であることが語られました。

③子どもに肯定的変化があった

　子どもの「脱走がなくなった」「苦情を言ってこなくなった」といったことが語られました。また、「アドボケイトは今日来るよね?」と喜んでいて、「クッキングしたい」といった要望を言ってくれるようになったという肯定的な変化もみられたそうです。

④子どもが話しやすかった

　利害関係がないから子どもが話しやすかった、職員は日課があってなかなか子どもの話を聴けないのでよかった、子どもに合わせた時間帯に来てくれたのでよかったことが語られました。

　①〜④のように、アドボケイトの訪問によって職員が子どものニー

ズに気づき、いい意味でのプレッシャーになったことで子どものニーズを叶えるように努力されていました。そのことによって子どもにも肯定的変化があり、子どもにとっても話しやすい存在だとアドボケイトは認識されていました。

　また私自身、代弁の内容は苦情しかないと思っていたのですが、職員に感謝を伝えたいという子どももいました。以下はアドボケイトを利用した中学生にインタビューをさせていただいたときの、中学生の話です。

　　「部活で早起きとかしてお弁当とか作ってくれてたから、それが普通みたいになってたけど、早起きしてくれてありがとうっていうのを（アドボケイトから職員に）言ってもらってました。（職員の反応は？）めっちゃびっくりしててもう抱き付いてきた。（学んだこととかある？）なんか言ったほうが、相手に気持ちが伝わるから口に出して言ったほうがいいなあと思いました。（中略）いつもありがとうみたいなのはあんまり言ってなかった。」

　このようなうれしい代弁ばかりではありませんが、子どもの「声」にはマイナス面だけではなくよいことも伝えたいという思いがあり、それが職員の喜びにつながったこともありました。

　このように、施設職員にとっても子どもの気持ちを知り、支援の質向上に寄与する活動であるという意味では「役立つ」活動になるのではないかと思います。ただ、職員の仕事を肩代わりするような活動ではないので、支援の質を向上させたいと願う職員にとっては有益ですが、目の前の仕事をこなせばよいという職員には負担しかないでしょう。その意味でも職員自身も権利について学び、自身もアドボケイトであるという意識がないと「役立つ」という意識にはならない点は注意が必要です。

（栄留里美）

15

コーディネーターの役割は何ですか?

　今回の試行実践では、施設とアドボケイト派遣団体とのあいだを取り持つ「コーディネーター」を配置していました。その役割は①施設とアドボケイト団体との契約サポートから、②施設側にアドボケイトの役割を理解してもらう、③施設職員のアドボカシー役割が遂行できるように研修を行う、④3か月程度に1回、施設と、施設の課題やアドボケイトの課題を話し合う「システム検討会」の開催をサポートするといったものでした。私はコーディネーターとして活動したので、自身の体験からその役割を書いてみたいと思います。

　アドボケイト導入当初、施設側はアドボケイトを行政監査のような立場と思い、警戒されました。またはボランティアのような人と思っておられた方もいました。アドボケイトの役割の理解は思った以上にむずかしく、一度説明しただけでは理解ができていないと思ったほうがよいと思ってください。また、施設は職員の入れ替わりが頻繁にあります。年に1回以上はアドボケイトおよび子どもの権利の説明をし、理解してもらわなければ、子どもの意見表明を支援したときに拒否されたり、または必要以上に恐れられたりしかねません。

　一方的な説明だけではなく、アドボケイトへの不満や要望についてアンケートや個別に話を聴かせてもらう機会をつくるなど、職員の方々から丁寧に話を聴くことも必要でした。たとえば、個別に話を聴かせてもらったときに指摘されたのはアドボケイトが帰る時間の過ごし方でした。アドボケイトが施設を出るとき、子どもたちが「帰らないで」と言うことがあり、それをアドボケイトが聞き入れて、施設にとどまって遊ぶことがありました。そうなると風呂の順番になってい

る子どもを風呂に入れることができず、施設職員の不満が募っていったのでした。コーディネーターが個別に話を聴く機会があった際に、この話が語られました。職員もこのことを言っていいのか迷っていたということでした。

　また、アドボケイトの業務自体への不満もありました。職員が叱るときの話し方に不満をもっていた子どもがいました。職員は「アドボケイトもおとなならこの事案で叱るのは当然だと思うはずだ。なのになぜ言ってくるんだろう」と思ったそうです。アドボケイトの役割について私どもの説明が不足していたのかもしれません。コーディネーターがあらためて、子どもの声だけを代弁するのであって、アドボケイトが意見を言うことはないと説明し、理解してもらいました。話し合いが大事だったとこの職員はあとで感想を述べました。

　このような話のなかで、意図せずして職員の大変さに話が移ることがあります。職員が足りなくて困っている、子どもたちが荒れて職員たちが困っている……職員側の苦労も並大抵のものではないとわかります。ですが、このような職員の話がコーディネーターへの話でよかったと思います。アドボケイトが職員の苦労を理解してしまうと、子どもの代弁を控えてしまうかもしれません。アドボケイトと職員は、あいさつ程度の話であればよいと思いますが、職員側の苦労話を聴いてしまうことは独立性を揺るがすことのように感じます。アドボケイトとコーディネーターを兼ねる場合には細心の注意が必要だと思います。したがって、個人的にはアドボケイトとコーディネーター役は別々の人を配置するのがよいのではないかと思います。

　コーディネーターの活動も容易なものではありません。ですが、アドボケイトが活躍するための土壌を耕し基盤をつくるといった存在が必要だと思います。

（栄留里美）

16

アドボケイトとして
気をつけることはありますか?

①アドボケイトは、自身の願いよりもその人の願いにもとづく

アドボケイトになろうとする人には、人の役に立ちたいという思い、社会を良くしたいという考え、悔しい思いをした経験など、それぞれにきっかけや背景があります。しかし、アドボケイトは、自身の考えや願いを優先せず、その人の考えや願いを優先するということをもっとも大切にします。そのことに留意するために、自分がどんな考えや願いをもっているのか自覚していくことが重要だといえます。

②アドボケイトは、その人の力を奪わない

アドボケイトは、その人がもっている力が発揮されるように関係や状況を整え、その人の力を奪ってしまわないように心がけます。たとえば、全部任せたいと頼られるとき、その人が自分で決めたり取り組むことに時間がかかるときなど、留意する必要があります。

アドボケイトはその人を訓練する専門職でも、成長させようとする支援者でもありませんので、その人を変えようとはしません。一方で、その人の思いや願いが実現してゆくことを支援するうえで、その人が自分の声を自分で伝えようとすることはとても大切なので、その人の力が発揮される状況や機会を積極的につくるようにします。

③アドボケイトは、その人の思いをこじ開けない

アドボケイトは、その人と十分に時間を過ごしていない段階や、その人が思いを話そうとしていない段階で、先走って本音にふれようとしないことに留意します。私たちは、「語ること」も「語らないこと」も、相手とその状況によって決めます。とくに本音は、それを言葉にしたときに、我慢してきた安定した自分を保てなくなったり、自分や

大切な人が傷ついたり、その後の生活が揺れてしまうことも少なくありません。けれど、だれかに話して楽になりたいという相反する思いや苦しさがあって、話そうかどうかと悩みます。たとえば、生き物は殻を破って孵化（ふか）したときがいちばん弱いように、本音が語られるために、安全を確保し安定するまで長期的にフォローができる状況をつくるなど、十分な状況整備が必要となります。このような場面に臨むにあたっては、アドボケイトチームとして、十分に話し合ったり、助言を受けておくことが大切といえます。

④アドボケイトは、できないことをできると言わない

　アドボケイトは信頼関係を築くことを大切にするため、「これをできないと断ったら失望されるかな」と背伸びしたくなる心境になることもあります。しかし、叶えることがむずかしいことを期待されるときは、果たせない約束をしないことが大事です。できないことは伝え、できることを探す誠実な姿勢から、共に願いを叶える信頼関係が育まれます。たとえば、家族や施設に願いを伝えて断られる経験を一緒に経験し、残念な気持ちを共にする場面もありますが、そのような失望の共有も、万能ではないアドボケイトが果たす役割だともいえます。

⑤アドボケイトは、周囲の人と関係をつくる

　アドボケイトは中立の立場ではなく、常にその人の側に立つ、立場性が明確な役割です。その役割がその人に伝わり、理解されることが大事です。中立ではなく常に本人の側に立つという立場なので、支援者チームの「方針共有」から外れる場面も当然生じます。かといって、施設や家族などと対立する役割ではありません。その人の側に立ちつつ、職員や家族などとも良好な関係を築いてゆくことへの留意が必要です。アドボケイトが独善的だから「方針共有」に加わらないのではなく、その人の側に立つことに徹することが役割であると理解されたとき、意見や方針は異なっていても、その誠実さにもとづいた信頼関係を築くことも可能だといえます。

（吉池毅志）

アドボケイトの役割を子どもに
どのように説明しますか?

　子どもの意見表明権の保障をめざして、意見表明を支援することがアドボケイトの役割です。その役割は「アドボケイトはマイクになります」というメタファー（比喩）で表現されることがあります。具体的には、子どもの思いを聴いて、子どもとともに職員に伝え、その思いを生活に反映する活動といえるでしょう。では、それを子どもにどのような方法で説明するのでしょうか。

　障害児施設では、施設の掲示板をお借りして、アドボケイトの訪問日時や自己紹介の載ったポスターを掲示し、「あなたの思いを聴かせて」というメッセージを添えました。訪問時に「何をしに来たの?」と子どもから尋ねられたら、「話を聴きに来たよ」と答えるようにしました。子どもの前では施設職員との会話を意図的に必要最小限にするように配慮し、アドボケイトは施設職員と子どもに関する情報を共有する関係ではなく、独立性が保たれていることについて視覚的に理解を促すことを試みるようにしました。

　また、定期的に子どもへの説明会を開催し、寸劇・朗読劇・落語でもって、アドボケイトの役割を子どもの生活場面に即して説明するようにしました。アドボケイトの役割を説明する台詞を寸劇のシナリオ（第3部・資料8）から抜粋して紹介します。

　　「あいちゃんが、話したいこと、施設の先生に伝えたいことがあったら、（アドボケイトの私に）話してみて。もし、施設の先生に伝えたいけど、自分ひとりだと無理やなと思ったときに、思いを伝えるお手伝いをすることができるよ。」

　このあと、同じ部屋の子どもから嫌がらせを受けていることが語ら

れます。そして、施設の先生と話し合いの場をもち、「話して」という子どもの求めに応じて、アドボケイトが本人の代わりに思いを伝える場面へと展開します。このような寸劇をアドボケイトが実際に子どもの前で演じることで、その役割を伝えることも有効です。

　加えて、毎回の訪問で出会った子ども一人ひとりに対して自己紹介をし、「いつでも話を聴かせてね」と伝えるようにしました。さらには、アドボケイトにアドバイスを提供する「子ども委員」を選出し、他の子どもに対してアドボケイトの役割を、子どものやり方で伝えてもらうようにしました。

　ところで、実際に子どもにはアドボケイトの役割がどのように認識されていたのでしょうか。施設訪問アドボカシーの試行実践が終了する時点で子どもに対して、アドボケイトの役割認識についてインタビューを実施しました。児童養護施設の子どもからは「優しそうだから話せた」「施設の先生に言ってくれた」「したいことを伝えたら（実際に）体験できた」「遊んでくれて楽しかった」という評価が得られました。障害児施設の子どもからは「アドボケイトは子どもらが困っていることや、話を聴いてくれる」「真剣に聴いてくれる」という回答が得られました。これらのことから、子どもの思いを聴いて職員に伝えるというアドボケイトの役割認識がおおむね共有されていることがわかりました。

　しかしながら、「もっと遊んでほしい」「（アドボケイトが来たら）外出時間が増える」という役割期待もみられ、傾聴に付随する遊びや外出が子どもに高く評価されていることもわかりました。意見表明支援というアドボケイトの中核的な活動から逸脱することのないようなバランス感覚がアドボケイトに求められています。

（鳥海直美）

18

アドボケイトは施設における
さまざまな支援活動にかかわりますか？

　障害のある子どもの移動の介助をすることや、食事を見守るなどの
ケアは施設職員の役割です。しかし、施設を訪問するアドボケイトに
対してこれらの役割が、人手不足を理由にして職員から求められるこ
とがあります。それに応えてケア役割を遂行してしまえば、子どもか
らは職員と同じケア提供者とみなされ、アドボケイトの独立性が揺ら
ぐことにつながります。そこで、ケア役割から一定の距離を置く姿勢
がアドボケイトに求められ、その点について職員に理解を求めること
も必要となります。子どもからも移動の介助や見守りなどを求められ
ることがありましたが、この場合には身近なおとなとして必要なケア
を行ってきました。これは子どもと信頼関係を形成するうえで不可欠
な行為です。

　また、施設訪問の開始時に、意図的に遊びを用いて関係形成を図る
ことを試みたところ、遊び相手としての役割を子どもから求められる
ようになりました。職員やボランティアが不足していることから、ア
ドボケイトに寄せられる遊びのニーズが大きいのが現状です。児童養
護施設では、遊びと傾聴の時間に区切りをもたせるなど、限られた訪
問時間を計画的に利用するような工夫がみられました。

　障害児施設では、遊びと傾聴が分かちがたいものとしてアドボカ
シー実践に位置づけられていました。障害児施設には重度の知的障害
により言葉で思いを表現することに制約のある子どもも生活していま
す。そのような子どもの思いを聴くための方法として、イギリスでは
非指示型アドボカシーが開発されています。非指示型アドボカシーと
は、遊びや生活のさまざまな場面で子どもの表情や仕草を汲みとっ

て、「意思と選好についての最善の理解」（障害者権利委員会一般的意見第1号）を行い、子どもの思いを推定して代弁することです。このような非指示型アドボカシーのプロセスに遊びによるコミュニケーションは欠かせません。また、施設での管理的な生活のなかで無力感をかかえている障害児にとって、遊びを通して意思表出を促しながら、主体性の回復を図ることも不可欠です。

　他方、自立支援計画や個別支援計画を作成する責務は施設職員にありますが、それらの作成過程にアドボケイトが積極的に関与することが期待されます。本人を中心とする計画の基盤は、職員が開催する支援計画の作成会議に本人が必ず同席し、意見を表明する機会が保障されていることです。しかし、それらが一般化されていない日本においては、支援計画の作成過程に本人が参加できるように支援することがアドボケイトに求められます。本人に支援計画がどのように説明されているか、本人の意見を聴取する機会が設けられているか、本人の意見がどのように支援計画に反映されているかなど、一連のプロセスを本人とともにモニタリングする役割です。本人の求めに応じて、聴取した本人の意見を施設職員に代弁する役割を担うこともあるでしょう。

　支援計画の作成過程に参加するにあたって、児童養護施設ではスターチャートが用いられました。伝えたいことのある人物の名前をすべて画用紙などに書き出し、「一緒に何かをしたい」などの思いを人物のまわりに書き込みながら、思いを視覚化する手法です。表現された子どもの意見を文書化する支援をアドボケイトが行い、それを職員に届けました。障害児施設では個別の外出活動に取り組み、施設を離れて解放的な気分になったところで、施設職員に改善を求める思いを聴かせてもらいました。このような子どもの意見は、子どもの求めに応じて、システム検討会で職員に代弁し、支援内容の改善に向けた協議へとつなげていくことになります。

（鳥海直美）

19

アドボケイトは子どもの思いを聴くために何をしますか?

　個別のアドボカシーにおいては、アドボケイトは本人の思いを聴くために面接を行います。面接中に求められるスキルの中核になるのは傾聴です。さまざまな権利侵害や人との衝突や置かれた環境のなかで傷つき、苦しんでいる子どもの場合には、まず彼らの傷ついた心、つらい心を受容することが支援の出発点となります。そのことによって、子どもたちは自分の気持ちや願いを表出し、それらを意識化し、整理していくことができます。また、アドボケイトへの信頼を築くことにつながります（子ども情報研究センター 2018：151）。本人が言葉で思いを表現することがむずかしい場合には、iPad などの情報機器を利用しながらコミュニケーションを図ることも必要となります。

　傾聴は面接室で行われるものだけではなく、生活場面面接の技法を援用して、子どもの遊びや生活の場にアドボケイトが参入していくことも求められています。また、アドボケイトが子どもとともに外出し、施設外で思いを聴くことも有効です。外出によって施設の所在する地域を子どもとともに歩きながら、子どもの萎縮した心を解きほぐすことで、子どもが自らの関心を自由に表現する機会がつくられます。

　小集団の子どもの思いを聴くためには、子ども委員会や子どもの権利を学ぶためのワークショップの機会を活用します。子ども委員会とは、アドボケイトの訪問方法などについて、子どもからアドバイスを得ることを目的として不定期に開催するものです。「困ったことをおとなに伝えるにはどうしたらいい?」「プレイルームに何があったらいい?」などの質問を子どもに投げかけることは、子どもにとって自らの権利を学習する機会であると同時に、意見を形成する機会として

も作用します。

　言葉で思いを表現することに制約の大きい障害児の場合、非指示型アドボカシーがとられ、遊びを介して意思表出を支援していくことがとくに重要となります。意思表出支援とは、障害のある人の意思が言葉や別の方法で表出できるように工夫した支援を提供することであり、日常的に表出された意思を見落とさずに汲みとる支援をいいます（知的障害者の意思決定支援等に関する委員会 2017：54）。遊びを通して障害児の意思表出を促す実践について、アドボケイトは次のように記録しています。

　　「遊びを通したコミュニケーションの方法は子どもによってさまざまである。自分の気持ちや好きなことを紙に書いて表現することに夢中になる子ども。（中略）いつもは話さないような言葉を発する子ども。（中略）訪問時には、情報の載った折り込みチラシ、音の出るもの、制作できるものを持参し、それらを使った遊びを通して、子どもの興味や暮らしの中の出来事にアプローチするようにした。」（鳥海 2020）

　ここでは遊びを意図的に用いることによって、子どもの意思表出を支援し、子どもの関心を理解しようとしていることがみてとれます。遊びを介して理解される子どもの関心や選好は、特定の事柄について子どもの意見を推定する根拠として活用することができます。このように、障害児のアドボカシーにおいて遊びと傾聴は分かちがたく、遊びのプロセスに並行して、意思表出支援や意見形成支援のプロセスが展開されていくことになります。遊びの体験を通して、子どもが意思を表出する機会をつくり、子どもの関心や選好を汲みとるという一連の過程が障害児の思いを聴く実践の中核といえます。

（鳥海直美）

20

アドボケイトはどのようにして
意見形成を支援しますか?

　意見形成支援とは、「言葉」にすることをサポートする過程です。なぜ言葉にするサポートが必要なのでしょうか。3つの要因と対応策をあげたいと思います。

　ひとつめに、施設で長期間過ごしていると違和感のあったルールが「普通」になってきて、言葉にならない漠然とした窮屈な気持ちがあっても受け入れようとします。ほんとうにそれが「普通」になっている場合もあれば、言っても余計にいじめられると思う場合、施設職員にお世話になっているから言いにくいというときもあります。

　そのため、自分の気持ちをまずは発見する機会の創出が求められます。たとえば個室で、施設のルールなどを書いたカードを、好き、嫌いと書かれたボードに分けながら話しました。そうすると、ほんとうはこれについてこう思っている……と言葉にしてくれるときがありました。また、他の子どもたちのありがちな相談例（公表確認済みを加工）を伝えることで、実は私も……という気持ちを出してくれることもありました。

　ふたつめに、言葉にする習慣がないときもあります。これは就学前の子どもたちや聴かれた経験がない場合などです。そのときには遊びながら声を聴くことがあります。たとえば、ジェンガをひとつとったときに、好きな食べ物についてお互いに話そうというきっかけづくりです。まず自分の好きなこと、嫌いなことを話す機会をつくります。また、遊びのなかでポツポツ話す子どもや、障害児施設での取り組みでも施設外でのお出かけを通じて話してくれる人など、遊びと意見形成は切り離せないことだと思います。ただ、遊びが中心になってしま

い何も聴けなかったという日が毎回になってしまうとアドボケイトもジレンマが続くので、注意が必要だと思います。(問24参照)

　3つめに、障害や年少のために、言葉で思いを伝えることに制約のある方々の意見形成支援です。本来、アドボカシーは本人の指示のもとに行われます。なぜならば、「利用者のために」ということで利用者の思いを超えた、支援者にとって「良いこと」を行いがちだからです。言葉による指示がむずかしいように見える人たちも、写真や絵カード、支援機器などさまざまなツールや方法により、はっきりした意思表示ができることが少なくありません。障害児者の場合にも、「本人の指示のもとに行う」というアドボカシーの原則を最大限に尊重する必要があります。

　本人の意思表出を支援する最大限の努力をしても本人の意思を理解することが困難な場合には、非指示型アドボカシーを行います。これは、遊びや活動を共にすることにより信頼関係を築き、経験を通して本人の「意思と選好」を推察し、それにもとづいてアドボカシーを行う方法です。これを「人間中心アプローチ」と呼びます。その際大切なのは、非言語的なコミュニケーションです。加えて、さまざまな場面での表情や態度を観察する「観察アプローチ」、家族・友人・支援者などから情報を収集する「情報収集アプローチ」、障害者権利条約などをよりどころにする「人権アプローチ」などが補足的に用いられますが、基本はあくまで「人間中心アプローチ」です。

　繰り返しますが、本来、アドボカシーとは本人の指示にもとづく代弁です。そして意見を形成することは本人自身の思いを形にすることです。ですが、気をつけないと、アドボケイト側の思いの「押し付け」になってしまうことも考えられます。そうなっていないか、常に省みることが求められます。

(栄留里美)

21

アドボケイトはどのようにして
意見表明を支援しますか?

　意見表明支援には「権利およびアドボケイトの役割伝達⇒傾聴⇒意見形成支援⇒意見表明支援⇒フィードバック⇒モニタリング」というプロセスが必要であることが、今回の施設訪問アドボカシーの試行実践でわかってきました。

　利用者が自身の権利やアドボケイトの役割を知らなければ「言ってもいい」と思えないので、最初の伝達はとても重要です。その後、どのように意見表明支援から意見実現支援にいたるのか、事例を通して考えてみましょう。

職員の言い方に不満があって暴れる、小学高学年のえのんさん(仮)

　アドボケイトが訪問した日でした。別の子どもの面談をしていたとき、えのんさんの部屋からドンドンという壁を蹴る音がしました。ふだんはおだやかな子どもだったため、どうしたのだろうかと感じたアドボケイト。本人に理由を尋ねました。職員から怒られ、部屋のテレビを没収されたとのこと。本人曰く、なぜそうしたのかという理由も聴かされなかったとのことでした。

　アドボケイトは本人の感じている怒りに耳を傾け、思いに寄り添いました。本人と話をしていくうちに、納得いかないという気持ちよりも、「職員の言い方が嫌だ」とわかりました。アドボケイトがどうしたらいいか尋ね、どう言ってほしいか書き出しました。

フレームチェンジ(抜粋)

・「うるさい!」「静かにして!」

　➡「ちょっと静かにしよ〜♪」と優しい口調で言ってもらいたい。

・「あやまってー！」

➡ 「どうしたの？」と、まず話を聴いてほしい。その後、「謝ろうか」と言ってもらえると「わかった」ってなる。

　えのんさんの提案で職員にこのフレームチェンジを渡し、職員会議でも配られました。職員も子どもの声に寄り添いたいという気持ちがあったため、言い方を工夫してくれました。えのんさんに後日、話を聴くと、職員の対応は「良くなった」と語りました。

　まず、アドボケイトは、えのんさんの壁をどんどん蹴るという行為で声にならない思いに気づかされます。そしてその思いを「傾聴」で受け止め、丁寧に言葉にするという「意見形成支援」を行い、子どもの声をそのまま紙媒体に書き職員会議で伝えるという「意見表明支援」を行いました。その後の訪問を通じて、子どもの思いが反映されたか「モニタリング」していきました。

　この事例を見て、「子どもが悪いのにアドボケイトは同意するのか」と言われることがあります。アドボケイトは同意しているわけではなく、子どもの声がしっかり届くようにサポートする役割です。

　そして、意見表明支援という観点で重要なところは、本人の言葉をそのまま書くということです。イギリスでの調査で数々のアドボケイトたちから言われたのもここです。「　」をつけて本人の声を伝えることで本人の思いが伝わりますし、アドボケイトと子どもの思いがずれることも防ぐことができます。

　一方で、そもそも本人の思い自体がわからないケースもあります。その場合は、絵カードやタブレットの利用など、自分の気持ちを見つける作業から始まります。第2部の児童養護施設編に事例があるのでご覧ください。

（栄留里美）

子どもの声を職員に届けることのできた事例を教えてください

　児童養護施設で門限のルールに対する子どもの意見を代弁した事例（栄留 2020：28）と、障害児施設で視覚に障害のある子どもの不安感を代弁した事例（鳥海 2020：90）を紹介します。いずれも、意見が十分に実現されるにはいたっていませんが、当事者主導による意見表明の支援実践を追随することができます。

①施設の門限に関する説明を聞かせてほしい

　中高生の子どもとアドボケイトが定期的に話し合う子ども委員会では、施設のルールがテーマにあげられていました。その際に複数の子どもから「門限が早い」という意見がみられました。「アドボケイトから職員に伝えることもできる」と説明したところ、「伝えてほしい」という要望がみられました。当事者主導の原則にのっとれば、子どもの意見をどのようにして職員に伝えるかを決めるのは子どもです。そこで、子ども委員会を継続的に開催し、「いつ、どこで、どの職員に、どのように伝えるか、そして、どのようにフィードバックを得るか」について話し合い、その結果を模造紙にまとめることにしました。複数の子どもが集合できる時間が限られていることや、子どもの年齢や関係性が発言内容に影響を与えることから、小集団の意見を集約することは困難を極めました。子どもの関心を持続させるために、お菓子づくりなどのレクリエーション・プログラムと重ね合わせる工夫も要しました。

　次に、子どもの意見を集約した模造紙をもとにして、職員に提出する文書をアドボケイトが作成しました。そして「門限がこの時間である理由を説明してほしいです。いままでに何度も説明を聞きました

58

が、納得できません」という文書を職員に提出しました。職員に回答を求めたところ、「自治会でいつも伝えています」「決まっていることだから」という回答が得られましたが、子どもが納得するものではありませんでした。しかし、施設のルールに関して抱く思いを可視化して、職員に伝えるまでの過程を子ども主導でつくりあげた取り組みといえます。

②**安心して過ごしたい**

　視覚障害のある子どもは、プレイルームに座っているときに子どもたちが近寄ってくることに不安を感じている様子でした。「やめて！」と本人が伝えますが、幼い子どもたちはやめようとしません。アドボケイトはこの状況を改善できないかと考え、職員に直接伝えてみることや会議で代弁することを提案しました。「会議で伝えてほしい」という本人の求めに応じて、施設の権利擁護体制の改善に向けて協議するシステム検討会において、本人の不安な気持ちを職員に代弁しました。「本人がそのようなことを考えていたとは知らなかった。職員間で共有したい」という回答が得られました。

　後日、アドボケイトと一緒に廊下を歩いていると、「プレイルームが怖い」という訴えが再びみられました。だれにどのように伝えたらよいかを尋ねたところ、「小さい子が怖い、髪の毛を引っ張る。寮長さんがいなかったら、職員のAさんに今日言ってほしい」という要望がみられました。本人の要望に添ってAさんに伝えると、「怖かったんやね」と声をかけながら、別室で本人の思いに耳を傾けてくれることになりました。その後、本人のまわりに低い仕切りを立てることや、本人がくつろぐ部屋を階下に変更するなど、支援内容が変更され、本人の不安感が少し軽減されたように見受けられました。しかし、安心して過ごしたいという意見は十分に実現するにいたらないまま、別の施設に措置変更されることになり、子どもとの関係が終結しました。

（鳥海直美）

23

施設訪問アドボカシーの失敗事例を
教えてください

　何を「失敗」とするかは議論があるところで一概にはいえないと思いますが、むずかしい事例はたくさんありました。ここでは、3つの実例をあげてみたいと思います。

　まずひとつめです。アドボケイトと小学6年生のあすかさん（仮）（問21の事例参照）が面談していたときのことです。あすかさんが自分の名前をアルファベットで書こうとして書けないことに気づきました。アドボケイトから「もうすぐ中学生になるのにアルファベットが書けないのは、これから学習に困るのではないでしょうか。職員さんたちは知っているのでしょうか」と、定期的なスーパービジョンのときに相談がありました。アドボケイトは「子ども本人は困っていると言っていないけど、施設職員に伝えて改善を求めたほうがよい」と言いました。しかしそれは、子ども主導や、まわりが思う「最善の利益」をとらないという原則とは異なります。

　私はスーパーバイザーとして「それは本人が望んでいることですか？」と尋ねると、アドボケイトは「違う」と言います。もちろん、将来困るかもしれないから「どうにかしてあげたい」という気持ちが出てくるのは自然なことかもしれません。ただ、本人の思う主観的な願いを伝えることがアドボケイトの役割です。支援者の立場を長くやっていた人ほど、アドボケイトに徹することはむずかしいことかもしれません。このことを通して「最善の利益原則とアドボケイトの違いがようやくわかった」とアドボケイトは納得したのでした。

　ふたつめの例です。中学生の代弁をしようとしたアドボケイトの話です。職員にれいさん（仮）の言葉を伝えようと、アドボケイトが帰

り際に「れいさんより、伝えたいことです。いつも朝……」と言いか
けたときに、れいさんが「私の前で言うの？　いろいろ腹が立つけど、
朝練のために早起きしてくれてありがとうやし、一字一句間違わない
でよ！」と少し怒ったように言われたというのです。代弁について了
解を得たのですが、事前にその代弁方法を十分に確認していなかった
ことで、子どもの不満につながってしまいました。「代弁」といって
も、いつ・どこで・だれに・どんなふうに言ってもらいたいかは人そ
れぞれです。子ども本人が何を伝えてほしいかを文字に書いてもらう
こと、どのように代弁するか、その方法を確認することが必要だった
のだとアドボケイトは反省しました。

　３つめです。子どもへの情報提供や食べ物や物の提供も、どこまで
行うかはあらかじめ施設側に確認したうえで始めないと、不信につな
がることがあります。子どもたちと話をするきっかけとしての「お菓
子」や「工作」ですが、施設側にとっては「アドボケイトなのに遊ん
でいるの？　本来の役割なのか」と思われたり、その工作を持って帰
られると子ども同士でトラブルになったり、物の管理をどうするかと
いう問題が発生します。アドボケイトの連絡先を伝えることも、施設
側に尋ねてから行うほうがトラブルになりにくいと思います。

　アドボケイトの活動はただでさえ、子どもから聴いた情報を施設職
員に伝えないので何をしているか見えにくく、また導入のときから
「アドボケイトって何だろう」と理解がむずかしいのが実情です。それ
に加えて、何をしているかということも見えにくければ、不信感は増
幅されてしまうようです。

　困ったときは、スーパーバイザーに相談すること、アドボカシーの
原則を読み直すことが必要だと思います。そして「アドボケイト」と
いうのはまだ経験がない役割だからこそ、一つひとつの出来事を反省
しながら積み上げていくことが必要だと思っています。

（栄留里美）

24

アドボケイトにはどのようなジレンマが ありますか?

　実際、アドボケイトはどのようなジレンマを感じたのでしょうか。ここではアドボケイトへのインタビュー調査から 3 つあげておきます。（栄留 2020）

　ひとつめに、子ども（利用者）が役割を認識しづらいという点でしょう。アドボケイトとして訪問して何度も役割を言葉で説明したとしても、他のボランティアと変わらないと思われ遊び中心になってしまう、あるいは外部者のため子どもから受け入れられずに遊びで気を引いたという語りがアドボケイトからありました。関係構築には役立ちますが、遊びだけで終始して、「アドボケイト」としての役割を果たせなかったという不全感につながってしまったという例がありました。逆に施設経験者のアドボケイト（ピアアドボケイト）たちは、子どもがピアとの関係に依存的になってしまい、「しんどい」経験になってしまうこともありました。

　関係性構築として少し遊びを入れるのはよいと思いますが、遊びのボランティアになってしまっては、わざわざ「アドボケイト」という名前を使う必要がないと思います。そこで児童養護施設のグループは、自立支援計画に子どもの意向を反映する個別面談にアプローチしたことで、遊びのイメージが少しずつ払拭されていきました。障害児施設でも集団でのかかわりから、「お出かけ」というかたちで個別対応になっていき、障害者施設でも同じように、アドボカフェという仕掛けで集団ではない個室でのアプローチに転換していきました。

　ふたつめに、この取り組みはいまのところ施設との契約であるため、立場が弱いという課題があります。施設に代弁しても施設側が拒

否すればそれで終わってしまい、本人の願いが叶えられないという問題があります。

　法律にアドボケイトの権限などが明記され、施設側も利用者の意向を真摯に受け止めなければならないと明記されないかぎり、実は弱い仕組みです。そのあたりの根本的な解決とともに、アドボケイト側の「権威」も見られていたことを思い出します。アドボケイト所属団体に法律家や大学教員・マスコミ関係者が名を連ねることにより、アドボケイトの言動に「重み」が加わるように思います。相手側からどう見えるかという意味で、所属団体側の組織編制を考える必要があると感じます。

　3つめに、守秘義務のジレンマです。利用者から言われたことについて、アドボケイトは守秘を貫きます。そのことは肝となるべきことですが、施設内の暴力事案は児童虐待防止法や障害者虐待防止法に抵触し、通告の義務が生じます。したがって完全に守秘なのではなく、虐待があったら通告するという説明を利用者に伝えてからアドボケイトは初回面談をすることになっています。ですが、通告すべき範囲をめぐってむずかしさをかかえることになるでしょう。その場合はスーパーバイザーへの相談が必要です。

　また、虐待事案まではいかなくても、これは容易に改善できそうだから施設職員に言ったほうがいいのではないかと思う話もあります。このときも利用者がそれを言いたくないと言えば何も改善できません。そのときにアドボケイトはジレンマを感じます。その際にアドボケイトが何も施設に言わずに秘密にしておけば、施設側からは、何も言ってこないから仕事をしていないのではないかという疑念をもたれてしまうこともあります。

　さまざまなジレンマを感じ、「孤独」な活動がアドボケイトの活動です。スーパーバイザーおよびアドボケイト仲間にジレンマについて相談できるような、チームで支え合う体制が必要不可欠です。(栄留里美)

第1部　引用文献・参考文献

Bateman, N.（1995）*Advocacy Skills: A Handbook for Human Service Professionals,* Ashgate（=1998, 西尾祐吾監訳『アドボカシーの理論と実際—社会福祉における代弁と擁護』八千代出版）

Department of Health〈DoH〉（2002）National Standards for the Provision of Children's Advocacy Services. London: Department of Health Publications（=2009, 堀正嗣訳「子どもアドボカシーサービス提供のための全国基準」堀正嗣・栄留里美『子どもソーシャルワークとアドボカシー実践』明石書店, 165-192）

栄留里美（2020）「児童養護施設における施設訪問アドボカシー」堀正嗣・栄留里美・鳥海直美・吉池毅志『施設訪問アドボカシー物語—児童養護施設・障害児施設・障害者施設におけるアクションリサーチ報告書』

堀正嗣編著（2018）『独立子どもアドボカシーサービスの構築に向けて—児童養護施設と障害児施設の子どもと職員へのインタビュー調査から』解放出版社

Jesperson, M.（年不明）*Swedish user-run service with Personal Ombud(PO) for psychiatric patients*（= 年不明, 長野英子訳「スエーデンの利用者運営のサービス　精神科の患者のためのパーソナルオンブード制度」https://nagano.dee.cc/swedensd.htm/, 2020 年 9 月 26 日閲覧）

子ども情報研究センター（2018）『「都道府県児童福祉審議会を活用した子どもの権利擁護の仕組み」調査研究報告書』厚生労働省公募調査研究事業平成 29 年度子ども・子育て支援推進調査研究事業

知的障害者の意思決定支援等に関する委員会（2017）『知的障害者の意思決定支援ガイドブック：現場で活かせる意思決定支援』日本知的障害者福祉協会

鳥海直美（2020）「障害児施設における施設訪問アドボカシー」堀正嗣・栄留里美・鳥海直美・吉池毅志『施設訪問アドボカシー物語—児童養護施設・障害児施設・障害者施設におけるアクションリサーチ報告書』

第2部

施設訪問アドボカシー
活動マニュアル

アドボケイトは
ワタシのマイク

入所施設で暮らす子どもやおとなの思いや声を
それぞれの人生に反映させるために

はじめに──施設訪問アドボカシーとは何か？

　児童福祉施設・障害者支援施設などの居住型施設サービスを利用する人たちにとって、施設は日々の生活が提供される場でありつつも、与えられた環境や条件に自身を委ねるしかない場でもあります。加えて、利用者の思いや声が抑圧される事態や、施設内虐待に陥る事件も報告されつづけています。施設をめぐるこのような状況に対し、施設を定期的に訪問し、サービス利用者の思いや声を聴き、権利を擁護し、福祉サービスの質の向上をめざす施設訪問アドボカシーの取り組みが、海外では始まっています。

　この活動マニュアルでは、施設訪問アドボカシーの提供を始めたいと考えている団体の方々、また導入を検討しておられる施設の方々に対し、施設訪問アドボカシーは何を目的にどのようなことを実践し、そのときに配慮しておくことは何なのかなど、活動を始めるための指針を具体的に解説しています。

　施設訪問アドボカシーの取り組みによって、福祉施設を利用する方々がエンパワメントされ、自らの思いを形成し、まわりにむけて代弁され、また自身で表明することで主体的な生活を送り、ひいては地域移行、自立生活につながることを私たちは願っています。こうした目的の実現にむけて、当事者を中心に、施設職員、アドボケイトが協働し、当事者の人権や尊厳が守られ、より豊かな生活をつくりあげていくためにマニュアルが活用されることを期待しています。

　「基礎編」では、各種別の施設での訪問アドボカシーにおいて共通するアドボカシーの意味、アドボケイトの役割、アドボカシーの流れなどについて説明します。「実践編」では、障害者施設・障害児施設・児童養護施設の各施設において訪問アドボカシーを導入する際の具体的な準備や留意事項、実践のあり方について解説しています。

基礎編

「……しかたないかぁ」

はじめは、いやだった。
でも、いってもむだだった。
じかんがたって、あきらめた。
「……しかたないかぁ」って。

「そういうもんですよ」

それはね、きまっていることなんです。
きまっていることは、まもらないと。
みんなそうしてるんですよ。
かわるわけではないし。
そういうもんですよ。

「だれかなんとかして」

しんどいな。つらいな。もたないな。
すくないな。たりないな。ほしいな。
うるさいな。こわいな。いたいな。
あわないな。でたいな。にげたいな。
だれかきいて。だれかなんとかして。

■気づかれていない思い・聞こえていない声

　施設を利用する子どもやおとなには、「がまんの歴史」があります。

　つらいことや解決してほしいことは、時に言葉になり叶えられることがあります。一方で、言葉にならないこと、沈黙を続けること、あきらめのなかで言葉が消えてゆくことがあります。

　施設生活では、施設の目的に応じた「施設の方針」があります。集団生活のなかでさまざまなことが決められ、物事を決める「パワー」をだれがもっているかによって、「カラー」が違ってきます。

　利用者がもっていれば、利用者の考えや願いのカラーになります。

　職員がもっていれば、職員の考えや願いのカラーになります。

　施設のトップがもっていれば、トップの考えや願いのカラーになります。

　家族がもっていれば、家族の考えや願いのカラーになります。

　国がもっていれば、国の考えや願いのカラーになります。

　利用者の考えや願いと一致し、納得でき充実したものであれば、笑顔の絶えない場となりえます。しかし、もし、暮らしている利用者にとって、そのカラーがなじめないものだったら？　もし、がまんしなければならない、つらいものだったら？

　利用者の思いや言葉に影響力があり、対話によってどんどん改善されていく対等な場は安心です。しかし、もし、対等な関係ではなく、発言や意見が軽視されていたら？　もし、願いを伝える機会や能力が不十分だったら？　そもそも、願いや希望を考える機会が不十分だったら？

　施設職員には、施設をよりよくしていく役割と責任があります。しかし、もし、よりよくしていく能力や発言力がなかったら？　そもそも、職員が「よかれ」と考えることと、利用者の願うことがズレていたら？　利用者が遠慮して、利用者の考えや願いが届いていなかった

ら、気づいていなかったら？

　それは、施設・施設職員にできること、できないことの境目にある
ニーズかもしれません。

　パーとグーしかないじゃんけんなら、グーには勝ち目がありませ
ん。チョキが入ることでバランスが保たれ、じゃんけんが成り立ちま
す。アドボケイトは、閉鎖空間で固定化されやすい力関係に対して、
力のバランスを変えてゆくチョキになります。

　言葉にならない思いを言葉にしたり、語られていない言葉を声にし
たり、小さな声を大きくしたり、アドボケイトは声を伝えるマイクに
なります。

アドボケイトはマイクになります

子どもやおとなの
思いと声を聴く活動
思いと声を伝える活動
思いと声を生活に反映する活動

■アドボカシーとは何か

劣勢で不利な立場であったり、発言や意見が軽視されていたり、願いを伝える能力に制約があったり、願いや希望を考える機会が不十分な人には、アドボカシーが必要です。

アドボカシーは「権利擁護」と訳されることが多い言葉ですが、「必要とする人の側に徹する権利回復／実現活動」という意味が重要です。

アドボカシーは、その人の指示にもとづく活動です。「最善の利益」を考えてコントロールする支援活動とは異なります。

その人の人生はその人が選ぶものということを重視します。その人がもつ力を信頼し、その力を奪わず遮らない方法を選びます。

「望ましい結果を得た」といったタスクゴールとともに、「その人の主導権によってどれだけ進められたプロセスか」といったプロセスゴール、「周囲の人との関係性が修復／改善／深化された」というリレーションシップゴール、を重視します。

アドボカシーは、立場や役割・強みの異なる複数のアドボカシー活動が同時に展開されることによって、よりよいサポートとなり

基本理解：**人は思いを持ち、伝えられる**

1　「ぼく、ひとりでいえるよ。」

発言主体者としての理解、奪力性（無力化）の理解

基本理解：**人は時に味方を必要とする**

2　「でも、ついてきてほしいときもあるんだ。」

環境との相互作用の理解、　課題の困難性の理解、タイミングの理解、　依存による自立の理解

基本理解：**人は時に代弁を必要とする**

3　「かわりにいってほしいときもあるよ。」

個人の価値観の理解、　目的（ゴール）の理解（タスクゴール、プロセスゴール、リレーションシップゴール）

えます（アドボカシー・ジグソーモデル）。

■アドボケイトとは何か

　先述の「アドボカシー」を担い活動する人のことを「アドボケイト」といいます。同じ施設などを定期的に訪問するタイプの活動では、相談ごとだけではなく、日頃のことの話し相手になったり、遊びなどの活動を通じて信頼関係を築きます。

■アドボカシーの原則

　アドボケイトは、六つの原則にもとづいて行動します。

1　エンパワメント

　子ども差別や女性差別、障害があることによる差別、そして虐待などによる傷により、自分はダメな人間だと思っている子どもたちがいます。アドボケイトは子どもが奪われてきた主導権を取り戻せるよう、本人の力を信じ、力の回復に尽力します。

2　利用者主導

　アドボケイトはエンパワメントにつながるよう、利用者の意見や願いによって導かれます。それがアドボケイトの意見とは異なる場合でさえそうするのです。

3　独立性

　アドボカシーサービスは独立して運営されます。アドボケイトがすべての利害の対立から自由であることで、利用者は、自分のために働いてくれると信じることができるのです。

4 守 秘

プライバシーを常に尊重し、利用者の同意なしには漏洩しません。秘密が守られることではじめて利用者はアドボケイトを信頼し、言いたいことが言えます。

5 平 等

障害児者、乳幼児など、意思決定に支援を要する人たちは、意思決定や意見表明ができないとみなされる傾向がありました。このような人たちにも平等にアドボカシーを提供します。また、権利侵害はさまざまな差別を背景に生じるため、利用者とともに差別からの解放をめざす姿勢が必要です。

6 当事者参画

ピアアドボケイトの雇用や、アドボケイトの養成、採用、研修、広報などのアドボカシーセンターの活動や、アドボカシー展開過程で当事者の参画を求めます。アドバイザリーグループや当事者委員などを依頼する方法もあります。

■アドボケイトの役割

アドボケイトには、聴く、対話する、加勢する、伝える、対決するなどの役割があります。

〇聴く　　　その方に寄り添い、丁寧に話を聴きます。対話の主導権を委ねることに留意します。情報や自論を伝える役割ではなく、その方の世界を教えてもらう役割を果たします。

その方の核心にふれる事柄は、時間をかけ、その方から語られるのを待ちます。一足飛びにほじくり出す質問を

避け、核心にふれる対話にむけて工夫を重ねます。核心にふれる際は、アドボケイトの限界性（安全な対処能力・当事者性、性別、立場性などの担当適性・活動継続性・契約事項による制約など）と他のアドボカシーサポートとの連携可能性を吟味し、その方の負うリスクを慎重に想定して判断します。

○対話する　丁寧に聴きながら、考えや願いを整理します。

意見を求められた際は、ひとつの考えとして対等な言葉で応じます。

その方に、伝えたいという願いがあるときは、その方自身で伝えるのか、同席して加勢するのか、その方に代わって伝えるのか、方法を確認します。

いま伝えたい、いまは伝えない、いつか伝えたいなど、その方の希望するタイミングを確認します。

その方の代わりに伝える際は、伝える言葉を整理し、その方の承認を得ます。

○加勢する　その方が伝える場に同席します。

その方の側に座ることで、味方がいる心強さを提供します。

その方以外の他者（第三者）が座っていることで、対話の力関係に影響を与えます。同席していることで、対話された内容の証言者としての役割が生まれます。

○伝える　その方の言葉や、その方の承認を得た言葉を伝えます。

その方からの指示がむずかしい場合は、可能なかぎりの意思確認をもとに活動します。

伝える際に、その方の指示や了承にもとづかない情報収集は避けます。

先方から提案される事柄については、その方に伝えて判断を仰ぐ職責を伝えます。

先方から方針協議を提案された際は、上記の理由から必ずしも「支援者間での目的共有による支援の連携」を果たすわけではないことを説明し、理解を求めます。

○対決する　その方の身辺に明らかな不利益が生じた際は、不利益な状況からの救済にむけた職責を負います。

その方の指示にもとづいた活動を担いますが、虐待にかかわる事態に際しては、その方の指示と法制度上の規定とを協議・勘案して判断します。

その方にとっての不利益が拡大せず、最小となる選択を優先します。

■施設訪問アドボカシーの流れ

　施設訪問アドボカシーは、以下の流れで取り組みます。ここでは、各段階を追いながら、考えておくべきことや配慮が必要なこと、そこで用いるツール例などを示していきます。

①利用申し込み
　　⇓
②事前訪問〔利用者、職員との信頼関係構築・権利研修〕
　　⇓
③契　約
　　⇓

④定期システム検討会〔提供団体、利用者、行政、職員〕

⇓

⑤年次報告会〔提供団体、利用者、行政、職員〕

⇓

⑥年次報告書〔提供団体作成。利用者、行政、職員への報告〕

利用の申し込みと準備の段階

　この段階は、アドボカシー提供団体を決めて関係者間で協議を行ったり、アドボカシーの取り組みにむけて準備をする段階です。受け入れ施設側では、外部の第三者が施設に入り、利用者と関係性を構築することに対する抵抗や懸念がある場合があります。利用申し込みのあった施設には、アドボカシー活動を理解し受け入れてもらえるための準備期間を設ける必要があります。この段階での取り組みの目的は、以下のようなものになります。

①利用者・施設職員とアドボケイトが相互の理解を深め、安心できる関係を築くこと。

②利用者・施設職員とアドボケイトが一緒に権利についての理解を深め、意思決定権／意見表明権の重要性を共有すること。

③アドボケイトの活用や、想定されるそれぞれの懸念事項が起こった場合の対応について、施設職員とアドボケイトが事前に協議することで、アドボカシー活動に対する不安を払拭すること。

　これらの目的を達成するために、受け入れ施設と提供団体とでアドボカシーの取り組みの学習会の開催や、利用者への啓発などに取り組み、受け入れ施設と提供団体、利用者とがアドボカシーの取り組みに

ついて意識の共有化を図り、今後取り組みを始めるにあたっての不安の減少に努めます。

　施設外部の第三者が関与することで、施設の運営方針やルールにかかわる事柄も生じてきます。事前の協議だけでなく、アドボカシー活動を展開するなかでそのつど説明と対話を重ね、信頼関係を築きながら職員の不安についても留意してゆくことが必要です。（次頁のコラム参照）

　アドボカシーの導入は、提供団体との契約から始まりますが、契約を行う前に、前述のように双方が話し合い、意識と目的を共有する必要があります。そのために、提供団体は、どのような体制でアドボカシーが進められるのか、そのシステムについて説明し、アドボカシーの目的や内容と方法を解説する職員への学習会の開催が求められます。学習会のための資料を示しておきます。（第3部の資料10、11参照）

　アドボカシーの取り組みは、施設職員の理解だけでなく、利用者自身が取り組みの意味や価値を理解する必要があります。そのためには、利用者の組織化による啓発や学習会も必要です。第3部に利用者への啓発キットを示しておきます。

アドボカシーの取り組みに関する施設職員の不安

　利用者から聴いた話について、利用者の了解がないとアドボケイトは施設職員に話さないとありますが、利用者の安全や安心、健康をめざしている施設職員にとって、それは不安を感じることにもつながります。「アドボケイトが利用者の言いなりになると、利用者と職員との関係が崩れるのではないか」「施設で決めているルールや個別のケア方針が、混乱するのではないか」と懸念されることもありえます。

　たとえば、利用者がアドボケイトに「職員の〇〇さんの介助が怖い、でも言わんといて」と話したとき、アドボケイトはその指示を受け入れ、利用者とアドボケイトの間でとどめます。一方、職員としては、「利用者への対応にはそれぞれ理由があって、言ってもらえればちゃんと納得のいくよう説明するのに」と考えることも少なくありません。支援者がこのような声を聴いた場合なら、支援チームとしてその職員と情報共有することがあります。けれど、アドボケイトは「状況の解決」よりも「本人の思い」を優先し、「言わんといて」が生まれる思いをさらに聴いてゆきます。「対応を変えてほしいけど、施設で暮らしつづけるには職員さんに嫌われないことがそれ以上に大事」といった思いがあれば、利用者の「辛抱する」という思いをまずは優先し、「介助が怖い」をどのように伝えたらよいかを、時間をかけて待ちながら二人でその機会や方法を探していきます。

　「車イスは自走する」というルールがある施設で、「アドボさん、車イス押してや」と言われたときには、アドボケイトは「車イスを押してや」の声に添って押します。その際、職員から呼び止められて、利用者と共に注意を受けることもあります。そこで、なぜ自走するとい

うルールがあるのか、説明を共に受けます。これは、「ルールだから
できません」と言ってアドボケイトが最初から断ることとは、意味や
結果が大きく異なります。それは、アドボケイトが利用者と共に注意
を受けるとき、アドボケイトという独立した第三者がいる前でルール
の意味が説明されることにつながるからです。職員も、アドボケイト
がいるのでふだんよりも丁寧な説明をするなど、緊張感をもつかもし
れません。そしてもし納得できないときには、共に尋ねます。このよ
うな一連のプロセスのなかで「丁寧な説明」や「納得」が得られてゆ
き、利用者の側に立つアドボカシーが生まれていくのです。

　アドボケイトが「独善的な正しさを主張する存在」ではなく、「利用
者と同じ思いを伝える、もう一人の存在」であることを職員に示して
ゆくなかで、「処遇の正しさを張り合う相手」ではなく、「応対の説明
や納得を高めたり、修正が必要な点に気づかせてくれる話し相手」と
して理解されます。そして、「職員の考えも、利用者と一緒に聴いて
くれるんだ」といった信頼が生まれるなかで、職員の不安が減少した
り、活動が定着してゆくことも期待できます。

　もし、利用者の安全、健康、生命にかかわるようなことが「内緒に
して」と語られたときは、アドボケイトは他のアドボケイトや、その
事柄に精通した専門家などと話し合い、本人の思いにどこまで添って
いくかを判断していくことも大切になります。ですから、どのような
事態が起きるのかなど準備の段階で想定したり、施設との協議の機会
に、その対処の方法を検討しておくことも大切です。

■施設訪問アドボカシーの事業契約

1　依頼と事業説明

2　事前訪問

3　説明会（職員・利用者）

4　事業契約

5　活動開始・継続

6　交流行事の提供（屋内イベント・外出イベント）

7　定例会議（システム検討会）

　　　全体の取り組みについて、定期的に検討を行う会議を開催します。出席者は施設長、協力員、提供団体の責任者、スーパーバイザー、アドボケイトなどになります。

8　当事者委員会（子ども委員会）

9　権利ワークショップ

10　年次報告会

　　　受け入れ施設と提供団体とで、年度末の3月に1年間の活動を総括する年次報告会を開催します。施設長、協力員、提供団体管理者、アドボケイト、スーパーバイザーなどが集まり、成果と課題を確認します。

11　年次報告書

　　　1年間の取り組みについて、提供団体が年次報告書を作成し、報告します。

　具体的な活動内容の確認と、提供団体と受け入れ施設の双方の役割と責任の確認をしますが、契約を結ぶ意味は次のようなところにもあります。

・アドボケイトの訪問が、個人的な関係で終わるのでなく、提供団体も受け入れ施設も社会的責任を負うことを明確化する。そのため、

契約のなかでは提供団体の役割も施設側の責任も明確化している。

・アドボカシーの意味、価値と倫理についての認識を施設・アドボカシー提供団体が共有する。

・職員たちの姿勢を示し、アドボケイトを利用する利用者に安心してもらう。

・行政や地域社会など利用者を取り囲む関係機関への周知を促し、施設のみならず重層的な関係のなかで当事者の思いが聴かれる体制をつくる。

・関係機関、行政、社会から、施設およびアドボカシー提供団体が不当なバッシングを受けないようにする。

　アドボカシー活動の基本は、4月から3月までの1年ごとの契約にもとづいて行われます。利用者の人権の確保とアドボカシーの実現のために明らかな不都合を生じた場合を除き、施設およびアドボカシー提供団体が契約期間中に解約することはできません。また、双方から解約の申し出がない場合、契約は自動的に更新されるとしています。

■施設訪問アドボカシーの事業概要

○受け入れ施設の体制づくり——重要な推進員の役割

　施設側の受け入れ準備としては、施設長のもと、施設におけるアドボケイトの活動の窓口となる職員（以下、推進員と呼ぶ）を設定していただきます。施設全体ではなく、一部の棟に訪問する場合は、円滑な体制づくりのために当該棟の職員にご担当いただきます。これは、施設においてアドボケイトを受け入れていただくための体制づくりや調整をする役割を担ってもらいます。施設訪問アドボケイトが利用者と面談する場所や日程、時間の設定や利用者への啓発に協力してもらう役割を担います。また、アドボカシーの取り組みのなかで起きてくる課題を把握したり、課題への対応についてアドボケイトと一緒に検討

施設訪問アドボカシーのシステム

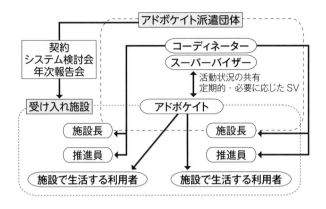

してもらったり、のちに説明します全体についての振り返りをする定期的なシステム検討会や報告会に出席してもらうことになります。このシステムをしっかりと構築することは、あとの実践に大きく影響します。

○派遣団体の体制づくり
──スーパーバイザーとコーディネーターの役割

　アドボケイトを派遣する団体では、アドボケイトの活動を管理しつつ、助言したり、戸惑いや葛藤を受け止めるスーパービジョン（SV）を定期的に行います。スーパーバイザー（SVを行う人）は、アドボケイトが記録した情報から活動状況を把握します。アドボケイトの記録については、のちに詳しく説明しますが、セキュリティを確保したうえで、随時情報を把握できるシステムづくりが必要になります。

　また、全体のシステムがうまく機能しているかを見守りながら、必要に応じて派遣先の施設長や推進員と連絡、調整を行うコーディネーターの配置が派遣先の団体に必要です。とくに導入前および職員が入れ替わる年度初めの施設職員への研修や学習会の設定、アドボケイトの具体的な訪問の日程や場所の設定、利用者への啓発機会、職員から

の苦情受付など、コーディネーターの役割は重要です。

○個別アドボカシーからシステムアドボカシーへ

　利用者から複数の同様の意見・苦情が出され、それが施設の構造的な問題であるならば、システム検討会の際に改善を提案する必要があります。しかし、守秘義務および利用者主導の原則から、施設との交渉については、利用者の意志を確認するとともに、本人が特定されないようなかたちで施設に伝えることが求められます。

　行政監査は、法令で定められた施設サービスの最低基準を監査し、福祉サービス第三者評価は、施設サービスの水準を施設が依頼した第三者の目で評価を行います。それに対し施設訪問アドボカシーは、利用者の声を聴き、利用者の側から施設サービスの質について意見を述べ、指摘し提案します。一方、利用者主導の原則からすれば、利用者が伝えてほしくないという事柄について、アドボケイトが先走って施設側に伝えることはしてはならないことです。そこにジレンマがあります。

　現場では、利用者のニーズを知り、施設改善につなげたいというニーズもみられるため、システムアドボカシーはニーズに叶うものと思われます。さらに、年次検討会では参加を希望する利用者にも出席してもらい、当事者の視点から意見を述べてもらう機会となれば、すばらしい取り組みとなります。

実践編

児童養護施設編

■施設訪問アドボカシーの活動概要

　施設訪問アドボカシーは、遊びを通した関係構築をしながら、子どもの権利ワークショップ、社会的養護経験者の講話など、啓発の機会をもちます。

　個別で面談する機会として学年ごとにお話会をする「スペシャルルーム」を開催します。その後、個別に話したり、自立支援計画に子どもの声が反映されるよう支援したり、集団で要望を伝えたり、子どもからアドボケイトへの助言をする委員活動を行います。個別の子どものアドボカシーだけではなく、施設全体に権利の視点をもってもらえるよう、研修や検討会を設けています。

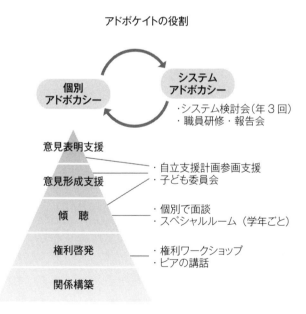

アドボケイトの役割

■ある日の定期訪問の流れ

○打ち合わせ　アドボケイトが２名訪問。活動前に 10 分程度打ち合わせ、前回の活動内容や留意点を共有します。

○滞在活動　　２時間の滞在時間で、役割を分けて活動します。

　・滞在活動（フロア）

　　　　　　　TV のあるフロアの共有スペースに着席し、フロアに出ておられる方々に話しかけ、談話します。

　　　　　　　個別面談の案内・順番受付なども行います。引き続き面談をすることになっていた子どもに声をかけます。

　　　　　　　２つの個室を事前に予約。職員に鍵を借ります。

　　　　　　　担当する子どもと一緒に個室に移動します。

　・滞在活動（個室での活動）

　　　　　　　要望に応じて、トランプ・塗り絵・ボードゲームなどを行います。

　　　　　　　その方の話したいこと、施設や家族・学校に言いたいことなどを自由に話していただき、聴きます。子どもが同意している場合には、自立支援計画に子どもの声が反映されるよう、施設などへの要望をまとめていきます。

○振り返り　　活動終了後、情報共有し、方針協議します。

○記　　録　　活動概要、個別記録を作成し、情報共有します。

○引き継ぎ　　次回活動メンバーに活動内容を引き継ぎます。

■自立支援計画に子どもの声を反映するプロジェクト

　施設で暮らす子どもたちには、一人ひとりに「自立支援計画」が作成されます。家族との関係の再構築にむけて、退所にむけて、１年ごとに作成され、児童相談所と共有されます。「子どもの意向」という欄

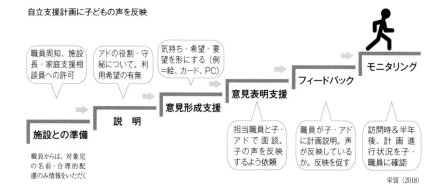

自立支援計画に子どもの声を反映

- 職員周知、施設長・家庭支援相談員への許可
- アドの役割・守秘について。利用希望の有無
- 気持ち・希望・要望を形にする（例＝絵、カード、PC）

施設との準備
職員からは、対象児の名前・合理的配慮のみ情報をいただく

説　明

意見形成支援

意見表明支援
担当職員と子・アドで面談。子の声を反映するよう依頼

フィードバック
職員が子・アドに計画説明。声が反映しているか。反映を促す

モニタリング
訪問時＆半年後、計画進行状況を子・職員に確認

栄留（2018）

もありますが、この欄は子どもの意向を聴かずに職員が書いているところも少なくありません。

　施設や家族・学校・児童相談所などへの要望をアドボケイトが聴き、子どもたちの要望が叶うように働きかける方法を示します。

　自立支援計画については、図のようなプロセスで行っています。

■施設訪問アドボカシーの事例

Aさん（小学6年生）

　知的に障害がある子どもで、長期間、施設に暮らしていることで施設に不満をもたなくなった子どもたちであっても、面談を繰り返すことで本人自身が要望について考えはじめます。そしてアドボケイトも、どのようなツールであれば本人は話しやすいかがわかってきます。

　知的障害のあるAさんのケースです。担当職員は「この子にどうしたら一番いいのか」と想像しながらも、本人の思いがわからないこともあり、他の子どもと同様に親子交流として昼食を食べるということにしていました。しかし、アドボケイトが子どもと面談するうちに、「会話はしにくいが、タブレットが大好きで、文字を打ち込むことがで

きる」ということにアドボケイトは気づき、Aさんは次第に親としたいことを書くようになりました。

戸外でのアクティブな行動が好きなAさんは、家族とマラソンをしたいと書きました。職員もそれをどうやって家族でできるか考えてくれ、実現にいたりました。

半年後のモニタリングで、担当職員は「これまでは子どもに何をしてあげるかを考えていた。でも、今回のことで、子どもが思っていることはなんだろうと思うようになった」と語ってくれました。アドボケイトが「それは何かアドボケイトがボタンを押したような感じなんでしょうか」と聞くと、「エンジンをかけてくれた」と表現してくれました。

その職員の上司も、「家族のことはデリケートな部分。だから、洗い物をしながらとか聞けないし、きっかけがなかったら本人も言えな

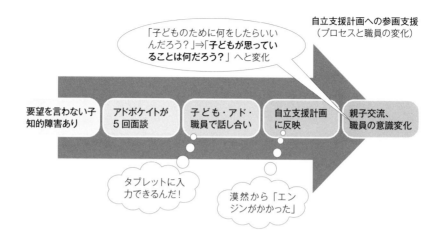

い。ゆっくり話す時間もそんなにはない。だから、アドボケイトが聴いてくれると、職員が話すきっかけになるからありがたい。子どもと共有できるものになる」「子どもにとってもやっぱり関係ない人に愚痴りたい。私らが計画支援に入らんほうがいいと思う」と、アドボケイトとのかかわりを肯定的に受け止めてくれていました。

　その後もこの担当職員は、親子交流として次々に子どものしたいことに焦点を当てた活動を行っています。

■子ども委員会

　児童養護施設での施設訪問アドボカシー活動では、アドボケイトに助言をしてくれる子ども委員を募集します。このことは、子どもにとってよいアドボカシー活動を行うために求められることです。2か月に1回程度行い、子ども委員の要望でレクリエーション的な要素（ケーキ作りなど）を取り入れます。その後、アドボケイトがよかったところ、アドボケイトに求めることを聴きます。施設に求めることを書いてもらい、代弁活動を行うこともあります。

子どもたちが作ったケーキ

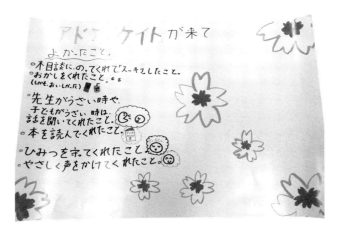

■施設訪問アドボカシーの活動概要

アドボケイトが取り組む活動は次の6種類であり、定期訪問が活動の基盤となります。

種類	目的	頻度（時間）
①定期訪問	訪問して子どもの意見表明を支援する	毎週1回（2時間）
②事例検討会	アドボケイト、研究者、障害当事者で活動の実践をふりかえる	毎月1回（2時間）
③子ども委員会	アドボケイトの訪問方法について子どもからの助言を得る	月1回程度（1時間）
④権利ワークショップ	障害当事者（ピアアドボケイト）の進行により障害児の権利啓発を行う	年1回（半日間）
⑤システム検討会	子どもの人権の確保や支援の質の向上にむけて職員と検討を行う	4か月に1回(1.5時間)
⑥職員研修	施設職員に対して子どもの権利にかかわる啓発を行う	半年に1回（1時間）

■定期訪問の活動形態

大舎制の障害児施設の環境上、子どもの思いを聴くための専用の部屋やスペースを設けることができなかったため、訪問回数を重ねて、子どもとの信頼関係が形成されるにつれて、次のように活動形態を変化させました。

第1段階：集団

プレイルームには20人程度の子どもがいつもくつろいでいます。そこにアドボケイトが訪問し、折り紙やシールなどの玩具を用いた遊びを契機にして関係づくりに取り組みました。

集団のなかで
遊びながら聴く

グループに分かれ
て聴く

個別に外出しな
がら聴く

第２段階：グループ

　おおよそ同年齢の子ども４〜５人に参加を呼びかけて「スペシャル
ルーム」と称する時間を設けました。お菓子を囲みながら、子どもが
安心して自由に思いを表現できる空間をつくるようにしました。

第３段階：個別外出

　単独で外出できる子どもは限られ、ほとんどの子どもは外出の機会
に制限があります。そこで、子どもの関心の大きい外出活動を訪問時
に取り入れることにしました。子ども１〜２人とアドボケイトがとも
に外出して、子どもがより安心して自分自身のことをうちあけやすい
機会を設けました。外出先は子どもが提案したコンビニやスーパーで
あり、菓子などを自分で選択して買うことによって生活経験を広げて
いくことも意図しました。

■ある日の定期訪問の流れ

事前連絡　　　次回の訪問時に外出する子どもを選定して、事前に
　　　　　　　メールで連絡します。

訪　　問　　　アドボケイトが２〜３人訪問し、玄関で待機している

	子どもに外出先の希望を尋ねます。
外　出	一緒に歩きながら、施設や家族・学校などについて自由に語られる思いを聴きます。買い物の予算を伝えて、菓子や玩具を選ぶと同時に、地域の人とかかわる機会をつくります。
帰寮・滞在	施設に戻って、廊下やプレイルームにいる子どもと遊びながら、子どもの思いをくみ取ります。
モニタリング	子どもの話す内容、室内の状況、子どもと職員のやりとりを観察しながら、子どもにとって安心して過ごせる環境であるかどうかを確認します。
振り返り	活動終了後、傾聴やモニタリングを通して気になったことを共有します。
記　録	活動概要と個別記録を作成します。

■権利ワークショップ

　障害当事者が編み出した支援方法に「自立生活プログラム」があります。施設や在宅の閉鎖的な場所で暮らしてきた障害者が地域で自立して生活することを目的として、先輩の障害者から自立生活に必要な心構えや技術を学ぶものです。具体的には、介助者への指示の出し方や、公共交通機関を利用した外出や買い物など、自立生活に必要なことが提供されます。この考え方を援用して、アドボケイトが障害当

ワークショップ
プログラム例①

・じこしょうかい
・アドボケイトって？
・「わたしの一日こんなの」
・「わたしの一日を発表しよう」
・お買いもの
・おかしパーティー

ワークショップ
プログラム例②

・じこしょうかい
・アドボケイトってどんな人？
・「話してみよう」
・お買いもの
・おかしパーティー
・感想

事者や学生と協働して、子ども自
身がものごとを選択する経験を培
いながら、思いを表現するための
「自立生活プログラム：障害児施
設版」の開発を試みました。

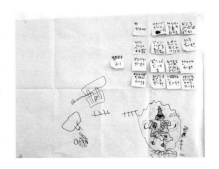

　施設のなかでは子どもの遊びの
ペースに巻き込まれがちですが、
外部の教育機関や公共施設などを
利用して行うことで、アドボケイ
トの役割が子どもにより鮮明に理
解されることが期待されます。ア
ドボケイトの役割をあらためて説
明するにあたっては、施設での子
どもの生活場面に即して、寸劇の
手法を用いました。

　子どもの暮らし、好きなこと、将来の夢など、子どもが話してくれ
たことを、子どもと一緒にフセンや画用紙に書いて視覚化します。そ
して、「サッカーをやりたい」など、職員に伝えてほしいことには印を
つけてもらい、システム検討会などの機会に職員に伝えていくことに
なります。

■職員研修

　施設職員に対して、定期的にアドボケイトの訪問目的を説明しなが
ら、子どもの権利に関する啓発を担うのもアドボケイトの役割です。
職員が抱いている不明点や期待などの声に耳を傾け、それらに応答し
ていくことも役割に含まれます。ここでは、職員研修の際にお寄せい
ただいた職員の質問とそれに対する回答を紹介します。

Q　職員が毎日、子どもたちとかかわっているなかで、子どもの悩みや相談などを聞く立場なのに、週1回の2時間で子どもの本当の気持ち（悩み）をアドボケイトの方に話すことがあれば、それはそれで職員として複雑な気持ちになります。

A　子どもの日常生活を支えながら、子どもの思いを聴くことは職員の方々の役割であって、とても重要な役割であると認識しています。実際に、子どもたちが職員の方々に思いを話している場面が頻繁にあり、これからも職員の方々には子どもの本当の悩みを聴いていただければと願います。

　アドボケイトが週1回の訪問をするだけで、子どもが本当の思いをすぐに話してくれるわけではありません。とてもむずかしいことであると認識しています。施設の職員の方々は、生活や養育という視点から子どもとかかわっておられます。アドボケイトは、子どもと利害関係のない第三者として、子どもの意見表明を支えるという視点で子どもとかかわろうとしています。さまざまな立場のおとながかかわることによって、「関心をもってくれている」という自尊感情が芽生え、安心して思いを伝えてくれることにつながればと考えます。

Q　子どもがかかえている問題によって「しんどい」「聴いてほしい」などの欲求が変化すると思います。そのような情報がない状態でアドボケイトさんは子どもに接していただいていると思います。その点はいかがでしょうか。

A　週1回の訪問回数では、アドボケイトは子どもの「部分」しか知ることができません。子どもがしんどいときに、それに関する情報を知っていれば個別に聴くための〝きっかけ〟になるかもしれません。
　しかし、アドボケイトは先入観をもたないで聴くことを大切にしています。「いま、どんな気持ちかな」と、出会っているときの目の前の

子どもの気持ちに焦点を当てて聴くようにしています。そのことは子どもにとって、いまの自分の思いが聴かれる経験であり、自尊感情が育まれることにつながると考えられます。

> Q　子どもがアドボケイトに気持ちを伝え、それを職員に伝言してくれても、そのことが実際に"改善"するまでいかないと、子ども自身は発言をしたり、気持ちを表現しても、「気持ちいい」と思ってもらえないのかな、という疑問や心配があります。

A　アドボケイトは、暮らしにかかわる子どもの戸惑いやつらさを聴きます（＝傾聴）。そして、「こうしてほしい」という思いを言葉で表現することを支え（＝意見形成支援）、それをどのように職員に伝えるかを一緒に考えます。改善できないことがあれば、職員に説明を求め、その理由を子どもに伝えます（＝意見表明支援・フィードバック）。これらの活動を通して、子どもが安心しておとなに思いを話せる環境を子どもと一緒につくっていくことができればと考えています。これらのプロセスを通して「あきらめることなく言えた」という体験が子どものエンパワメントにつながり、自分の生活を自分で選択していく基盤になればとも願います。何よりも、子どもの意見を聴いて、おとなが気づくことが多くあり、それが子どもとの関係に変容をもたらすはずです。

■施設訪問アドボカシーの活動概要

　障害者施設での活動は、定期訪問を活動の軸としつつ、定期訪問を周知し定着させるための施設内イベントや、思いを語るアドボカシー活動を活性化し促進させることを目的とした外出イベント・アドボカフェ・個別外出など、複数の活動プログラムを取れ入れて実施しています。

種類	実施内容	特徴
定期訪問	・フロアでの滞在活動	トランプや談話などの娯楽、談話などの交流
	・アドボカフェ	コーヒーを飲みながら個別に話を聴く活動
	・個別ケースアドボカシー	対応してほしい要望や相談についての、個別対応の活動
施設内イベント	・納涼会など	訪問活動を周知し定着させるための交流と説明
外出イベント	・散歩と交流	場所を変えて、喫茶店などで思いを語る活動。地域生活をおくる当事者との交流
個別外出	・喫茶店でのアドボカフェ	個人の希望にもとづいて場所を選び、喫茶店などで思いを語る活動

■ある日の定期訪問の流れ

　施設訪問を実施する際の、実際の流れは次のとおりです。

○打ち合わせ　活動前に10分程度打ち合わせ、前回の活動内容や留意点を共有します。

○滞在活動　　2時間の滞在時間で、役割を分けて活動します。

　・滞在活動（フロア）

　　　　　TV のあるフロアの共有スペースに着席し、フロアに
　　　　　出ておられる方々に話しかけ、談話します。
　　　　　アドボカフェの案内・順番受付なども行います。
　　　　　オープンスペースの長所を活かし、グループでの談話
　　　　　や声かけなどを展開します。
　　　　　要望に応じて、トランプなどの遊具を活用した交流も
　　　　　あります。
　　　　　ホワイトボードや iPad アプリなどのコミュニケー
　　　　　ションツールを活用します。
　　　　　個人的な事柄については、アドボカフェの利用など、
　　　　　ご本人に場所を移動することも提案します。

・滞在活動（アドボカフェ）
　　　　　面会室などをお借りし、個別対話という「個別対応の
　　　　　機会」を提供します。
　　　　　コーヒーなどの飲み物を何種類か用意し、「自身で選
　　　　　択する機会」を提供します。
　　　　　その方の話したいことを自由に話していただき、聴き
　　　　　ます。
　　　　　「お話しカード」を準備し、きっかけづくりに活用しま
　　　　　す。

・滞在活動（個別アドボカシー）
　　　　　訪問活動を通じて個別活動を開始した方を対象に、個
　　　　　別面談を居室などで行います。

○振り返り　　活動終了後、情報共有し、方針協議します。
○記　　録　　活動概要、個別記録を作成し、情報共有します。
○引き継ぎ　　次回活動メンバーに活動内容を引き継ぎます。

■「アドボカフェ」の取り組み

個人として尊重される場づくり

　フロア滞在型では娯楽のニーズが高く、トランプなどの遊び相手の役割となりがちであり、フロアのテーブルでは個人的なことは話しにくいという課題がありました。一方で、児童養護施設および障害児施設での訪問アドボカシー活動からは、別室を用いて個人として話し合う機会を設けることが有意義であるとの報告もありましたので、障害者施設での活動においても同様にしてゆく検討を始めました。

　外出イベントで経験された「思いを語る関係性」をしっかり育てることを重視し、個室でコーヒーを飲みながら個別に対話するカフェタイプの活動として「アドボカフェ」を取り入れることとしました。各フロアにある「相談室」をお借りし、短い時間ではあっても、個人として過ごし、個人的な思いを語りやすい場を提供しています。

　「アドボカフェで一緒にコーヒーでもいかがですか？」と声かけをして、希望された方とアドボケイトが 15 分〜 30 分程度の談話の時

アドボカフェ
- ●「一緒に珈琲でも」とお声かけ。　待たれるようになる。
- ●「お話しカード」の活用

　・個人として過ごす場

　・個人的な思いを
　　語れる場

お好きなものを
選んでください。

　・家族のこと、
　　しんどいことが
　　語られるようになった

「言わんといてや」　「親にこんなん言われてん」と

間をもちます。一対一で個人として話せる機会というものは新鮮であり、カフェを希望される方は増えています。

　対話のツールとして、多様なテーマが記載された「お話しカード」を活用し、過去のことや家族のこと、「しんどいこと」が語られるようになりました。「言わんといてや」「親にこんなん言われてん」「こんな仕事しててん」など、話が広がっていっています。

■施設訪問アドボカシーの事例

Aさん

　Aさんは、私がはじめて施設訪問の見学に行ったときから「バックルがしんどいから外したい」と訴えていました。そのとき一緒におられたアドボケイトのCさんが職員さんに「バックルを外したいとおっしゃっているのですが」と伝えたのですが、「ご家族から危ないから外さないでほしいと言われています」と職員の方から言われ、外せないままでした。何かAさんの気持ちが尊重されるよい手立てがないかと考えていました。

　Aさんがアドボカフェに来られたので、「バックルはどうなりましたか？」と質問すると、「ボッチャのときと音楽療法のときは外してもいいことになってん。やっと楽になった。ここまでくるまで10年もかかってんで！　ほんまにしんどかったわ！」と何度も言っておられ、とてもうれしそうでした。ボッチャはバックルを外さないとボールが投げにくいし、音楽療法も楽器が振れないからとおっしゃっていました。アドボケイトが「自分で言ったんですか？」と聞くと、「医者に、外したいって言うてん。危ないから、医者がいいと言わないと外してくれへんから。医者が外していいと言ったから外せた」と。

　その後は、遊園地で×××に乗せてもらえなかったお話や他の乗り物に乗って楽しかったお話をしてくださったあと、オセロをしたいとのことでフロアに戻り、オセロをしました。

Bさん

　アドボケイトとしてはじめて訪問したとき、言語障害でなかなか話ができなかった方やコミュニケーションがとりにくい方がいらっしゃったので、iPadの導入を提案した。今回、事前にお伝えしていたコミュニケーションアプリをダウンロードしたiPadを用意していただき、それを使ってコミュニケーションをとった。

　なるべく、いままであまりアドボケイトとかかわりのない方とお話ししたいと考えていた。別のテーブルに一人で座っておられたBさんに「お話をさせていただいてもよろしいでしょうか？」と声をかけ、了解をいただいたので隣に座り、お話しさせていただいた。あいさつをしてもあまり反応もなく、無表情な方だったので、お話ししていただけるかと少し不安もあった。

　Bさんは、お話しすると言語障害が強くコミュニケーションがとりにくかったので、iPadを使って話すことにした。はじめは質問しても「わからない」や「ない」という返事が多かったが、iPadのアプリを指差しで選んでもらううち、だんだんと話が進んできた。

　ここに来るまでは××県にいた。ここに来て1年ほどということや好きな食べ物のことなど、アプリを使って話してくださった。「施設で何か困っていることはないですか？」の質問に、気持ちを表すスタンプのところで聞いてみると、「怖い」と「痛い」というスタンプを選ばれた。そこで、「どこが痛いのですか？」と聞くと、「足」。「それはどこかで打ったりしたのか、だれかにされたのか？」と聞くと、「叩かれた」。「それは男の人ですか、女の人ですか？」と聞くと、「男の人」のスタンプを指差す。「ここの職員ですか？」に、「うん」。「それはどこでですか？」に、「部屋」のスタンプを押された。「いつですか？」に「夜」のスタンプ。

　とここまできて、職員の方がフロアに戻ってきたので、「アドボカ

フェでゆっくりお話ししませんか？」と尋ねると、「行く」とおっしゃったので、アドボケイト（コーディネーター）のいるカフェに行き、ここまでの経緯を話した。

　ここからはアドボケイトが口頭で質問をされ、最近の出来事で、「新しく入った若い職員から着替えがうまくできなかったときに叩かれた。いままではそんなことはなく、一度だけ。痛くて悔しかった」と。「その職員にどうしてほしいですか？　謝ってほしいですか？」の質問に、「もうかかわらないでほしい」とのこと。「施設長に伝えてもいいですか？」の質問に、「伝えてもいい」とのことだったので、アドボケイトが「このことをお伝えして、今後このようなことが起こらないようにしてもらいます」と話した。

　コーヒーを飲まれたあと、××県の話を iPad の地図アプリを見ながら話してくださった。「今後一人暮らしをしたい」ともおっしゃっていた。

　B さんとの対話のあと、アドボケイトはすみやかに施設長に伝え、「アドボケイトから虐待通報するか、施設がなさるか」と尋ねていた。施設長は、これまでも虐待通報をためらわずされている方であったので、施設長から通報がなされた。B さんには行政職員による聴き取りが後日なされたようだった。

　利用者の声を聴き取り、状況を動かすためには、コミュニケーションツールの工夫だけでなく、信頼し合うことや約束を守り合うことが大切であった。

活動ツール

ここまで読んで、訪問アドボケイトの理念や方法はわかったけど、実践開始のハードルは高いと感じる人もいるのではないでしょうか。そのハードルのひとつが、アドボケイト活動を利用者や施設職員にどう理解してもらうか、その説明資料などの作成かと思われます。実際、アドボケイトを養成するにも養成プログラムが必要でしたし、施設との契約書作成だったり、利用者や施設職員にアドボケイトの活動内容をわかってもらうためのポスターづくりだったりと、何かと書類を作成することが多くありました。そこで少しでも活動のスタートが容易になるよう私たちが作ってきた資料を公開します。

　これらの資料はどのようなときに使うのか、先に説明書きがあるので読んでいただければ理解できると思います。本資料を参考に自分なりの資料を作成したり、この本からの出典であることを記載したうえでそのまま活用していただいても結構です。資料の活用によって活動開始がスムーズになり、アドボカシー実践が各地で行われることを祈っています。

I　アドボケイトの養成・契約書・スーパービジョン

資料1◉施設訪問アドボケイト養成講座

　2017年に実施した養成講座の案内チラシです。児童養護施設・障害児施設に新たに訪問するアドボケイトを養成するために実施しました。施設や対象となる人は違っても、土台となるアドボカシーの理念・技術は同じです。講座1～8はその部分です。施設種別ごとに必要となる独自の知識・技術を学ぶ講座として、9・10・11があります。少人数での演習中心の講座とし、自己覚知や洞察、実践力の涵養を目的としました。(堀)

資料2◉施設訪問アドボカシー利用契約書

　児童養護施設・障害児施設・障害者施設（A）と、アドボケイトを派遣する団体（B）は、「施設訪問アドボカシー利用契約」を締結しています。この契約書は、障害者施設を対象としたものです。成人施設であるため「意見表明支援・意思決定支援」としていますが、児童施設を対象とした契約書は「意見表明支援」のみとしました。この契約を結ぶことにより、（A）（B）の権利と責務を明確にし、アドボケイトの独立性と、意見表明支援・代弁などの権限を保障して

います。（堀）

資料3◉施設訪問アドボケイトTODOリスト（児童養護施設）

　アドボケイトが訪問前から訪問後まで何を確認すべきかを、チェックリストにしたものです。児童養護施設班では、月1回のスーパービジョンの際に各自がこれをチェックし、全体で話し合うことにしていました。モニタリングをしっかりしたか、アドボカシーの原則を理解していたかといった部分も繰り返し確認できます。（栄留）

Ⅱ　利用者向け　アドボケイト説明資料

資料4◉アドボケイト説明資料　4コママンガ「アドボさん」（障害者施設）

　ほとんどの人にとって聞き慣れない「アドボケイト」という名称は、その活動や役割の説明がむずかしい言葉です。一方で、その役割を理解してもらうことが、アドボケイトにとっての重要な仕事のひとつともいわれています。そのため、「むずかしいもの・いやなもの」ではない、「かんたんなもの・たのしいもの」を意識し、4コママンガ形式の説明資料を用意しました。この資料は、説明会で使用したり、ラミネート加工した印刷物を各フロアに置き、訪問時に初対面の方への説明などに使用しました。（吉池）

資料5◉ポスター「アドボケイトって何？」（児童養護施設）

　施設訪問を開始する前に、児童養護施設にこのポスターとアドボケイトの自己紹介一覧を貼っていました。子どもたちは事前に見ており、アドボケイトって知ってると話しました。どちらかというと、アドボケイト自己紹介一覧（資料7参照）に興味を示し、話のきっかけとして意味があったと思います。（栄留）

資料6◉入所者を対象とした説明会で使用した資料（障害者施設）

　施設訪問アドボカシー活動の試行訪問を経て、最初の説明会で使用した資料です。自立生活センターの当事者リーダーらにウォーミングアップなどの協力をしていただき、施設訪問アドボカシーとアドボケイトについて説明しました。情報量を削ぎ落としたシンプルな説明を重視して行いましたが、新しい取

り組みを言葉で説明して一度で理解していただくことはむずかしいので、継続した活動をしながら繰り返し説明することが大切です。(吉池)

資料７◉アドボケイトのメンバー紹介 (障害児施設)

　アドボケイトの訪問日時を子どもに周知することに加えて、アドボケイトのメンバー紹介を目的として作成したチラシです。実際にはアドボケイトの写真が掲載されています。職員に依頼して、施設の玄関付近の掲示板に掲示していただき、定期的に貼り替えました。子どもが必ず通る場所に掲示されたこともあって、アドボケイトの名前を子どもが覚えてくれることに効果的でした。好きな動物などの情報は、子どもとの会話の糸口にもなりました。(鳥海)

資料８◉寸劇「アドボケイトってどんな人？」のシナリオ (児童養護施設)

　アドボケイトって何をする人なのか。その活動内容を理解してもらうためにこのシナリオに沿って寸劇を行いました。訪問アドボカシー開始時に行いました。アドボケイトもスーパーバイザーもこの寸劇をやることによって、顔やキャラクターを知ってもらうこともできます。ただ、一斉に伝える方法で理解できる子どもは少ないので、年齢や個性に応じた個別の説明も必要です。(栄留)

資料９◉子ども委員委嘱状 (障害児施設)

　施設訪問アドボカシーの提供体制の構築過程に、子どもが参加することを目的として、子ども委員を募りました。施設近郊の子育て支援施設で子ども委員の就任式を開催し、子ども委員に授与した文書です。施設内外で子ども委員会を不定期に開催し、子ども委員を中心に参加してくれた子どもたちから、施設での暮らしの様子を教えてもらうことや、アドボケイトの役割を他の子どもに知らせることについて依頼を行いました。(鳥海)

Ⅲ　施設職員向け　アドボカシー活動契約・説明・研修

資料１０◉施設職員対象説明会資料

　施設訪問アドボカシーの受け入れが決まった障害者施設・障害児施設に対し、訪問導入時の職員対象説明会で使用した資料です。施設内・院内虐待を例

にあげ、利用者や患者の声が外部に届かない閉鎖構造が、人権侵害や深刻な虐待にいたることを明示し、痛ましい経験を再発させないためにも、声を聴く活動の定着が重要であることを説明し、それは利用者の力、職員の力、地域の力の協働によって実現が可能であることを示しました。（吉池）

資料11◉施設職員を対象とする研修の配付資料（障害児施設）

　施設訪問アドボカシーの導入時の職員研修で配付した資料です。施設訪問アドボカシーの遂行にあたっては、アドボケイトの役割について職員に理解を促しながら、訪問活動への協力を得ることが重要となります。定期的に研修を開催し、活動の見通しについて説明を行うことに並行して、子どもの権利に関する意識啓発を図りました。毎回、質問をいただくようにし、それらへのコメントを記載したニュースレターを作成して継続的に理解を促すようにしました。第2部、96〜97ページを参照してください。（鳥海）

Ⅳ　話を聴くためのツール

資料12◉アドボケイト利用同意書

　個別面談で話された子どもの思いが、できるだけ自立支援計画に反映されるように自立支援計画を主眼に置いた面談を始めました。ただ、子どもがその意味を理解し、話してみたいと思えなければ意味がないので、同意した子どもにのみ実施しました。（栄留）　　　　　　　　　　　　　資料作成：浅田昌代

資料13◉「いろいろおしえて」パワーポイント

　自分の願いを言ってもいいと言われても、何についてどんなことを言っていいのかわからないというのはだれしもあることです。この資料に書かれていることを子どもに質問することによって、自分自身の願いに気づくことができます。それを職員に言う場合は○、言ってほしくないときは×をつけます。○がついたものについては、アドボケイトが子ども同伴で職員と話をすることになります。これを通じたサクセスストーリーが数例ありました。（88ページのAさんの事例参照）（栄留）　　　　　　　　　　　　　資料作成：浅田昌代

資料14◉子どもアドボケイト説明アニメ（4分）＠YouTube

　アドボケイトを理解してもらうことは思ったよりもむずかしいことを実践で痛感したため、「子どもアドボケイトってなあに？」というアニメ動画を、社会的養護経験者とともに製作しました。4分間でアドボケイトの役割とアドボケイトに話したらどうなるのかがわかる内容になっています。子どもだけではなく、職員にもわかりやすいと好評をいただいています。（栄留）

製作：アドボケイトひろめ隊・科研費若手研究（栄留代表）

アニメのQRコード→

資料1●施設訪問アドボケイト養成講座

施設訪問アドボケイト養成講座 2017

主催：公益社団法人子ども情報研究センター

全体のプログラム（**みなさん受講してください**）

※募集要項は、裏面です

	開催日時		講座名	講師
1	7/29 （土）	10時～12時	本事業の説明・アドボカシーについての理解［講義］ （①理念・倫理／②定義／③役割／④発展／⑤種類）	堀正嗣 （熊本学園大学）
2		13時～15時	アドボカシーについての理解［演習］ （子どもの頃を思い出してみよう／アドボカシーの定義／アド ボカシーを必要とする子どもたち／セルフアドボカシーと第3 者によるアドボカシー等）	栄留里美 （大分大学）
3	7/30 （日）	10時～12時	ケースアドボカシーのプロセスと4つの原則［講義］ （当事者主導・独立性・守秘・エンパワメント）	栄留里美 （大分大学）
4		13時～15時	ケースアドボカシーのプロセスと4つの原則［演習］	堀正嗣 （熊本学園大学）
5	8/19 （土）	10時～12時	アドボカシー技術の演習―傾聴①［演習］	子ども家庭相談室
6		13時～15時	アドボカシー技術の演習―傾聴②［演習］	子ども家庭相談室
7	10/9 （月・祝）	10時～12時	アドボカシー技術の演習―代弁［演習］	吉池毅志 （大阪人間科学大学）
8		13時～15時	イギリスの訪問アドボカシーの実際	イギリス視察参加者

ここから、児童養護施設と障害児施設に分かれます

児童養護施設グループ

9	12/17 （日）	10時～12時	児童養護施設の実際と職員・子どもの声 　　　　　　―アドボケイトに求められること	久佐賀眞理 （長崎県立大学）
10		13時～15時	児童養護施設への訪問ピアカウンセリング活動から 　　　　　　―意義と課題、本事業への示唆	あらいちえ （CVV）
11		15時～17時	施設訪問アドボカシーの実際 アドボカシー活動をどう進めるか	アドボケイト

障害児施設グループ

9	2018年 1/6 （土）	10時～12時	障害児施設の実際と職員・子どもの声 　　　　　　―アドボケイトに求められること	鳥海直美 （四天王寺大学）
10		13時～15時	地域移行に向けた施設訪問活動から 　　　　　　―意義と課題、本事業への課題	障大連施設部会 NPO法人あるる
11		15時～17時	施設訪問アドボカシーの実際 アドボカシー活動をどう進めるか	アドボケイト

施設訪問アドボカシー利用契約書

　Ａを甲とし、Ｂを乙として、乙の提供する施設訪問アドボカシーを、以下の内容・条件により甲が利用することに、甲及び乙は合意する。

第１条（目的）

1　甲は、本契約に基づいて乙が提供する施設訪問アドボカシーを利用することによって、甲の提供する福祉サービスの利用者（以下、単に「利用者」という）の意見表明権が保障され、そのことを通じて利用者の人権の確保及び甲自らの福祉サービスの質の向上を目指すものとする。なお、本契約において「アドボカシー」とは、原則として利用者の指示又は許可のもとに、利用者の意見（苦情や希望を含む、以下同じ）表明及び意思決定を支援しあるいは代弁することによって、利用者の人権・権利の確保を目指す活動を意味するものとする。

2　乙は、甲との利用契約により、第２条所定の施設訪問アドボカシー活動を行う。

3　利用者の地域における自立した生活を実現するために、具体的なプログラムと必要な環境等を考え提言し整備することを念頭において、甲は福祉サービスの提供を、乙はアドボカシー活動を行う。

第２条（施設訪問アドボカシー活動）

乙は、利用者を対象に権利に関する啓発、傾聴、意見形成支援、意見表明支援・意思決定支援、代弁（申入を含む）、参加促進活動を行う。

第３条（施設訪問アドボカシー活動の指針）

乙は、以下の６つの指針に従ってアドボカシー活動を行う。甲はそれを支持する。

1　【独立性】：アドボケイトは独立性を堅持し、利用者のために活動する。

2　【利用者主導】：アドボカシーは利用者の意見と願いによって導かれる。

3　【エンパワメント】：アドボカシーは利用者のエンパワメントを支援する。

4　【反差別】：アドボカシーは年齢、性別、障害、性的指向、人種、文化、言語等による一切の差別の解消を目指す。

5　【守秘】：アドボカシーは高いレベルの守秘義務を持ち、その方針と運用方法を利用者及び関係者に伝える。

6　【参加】：アドボカシーはより良い実践を行うために利用者の声に耳を傾け、利用者とともに活動する。

第４条（権利に関する啓発）

1　乙は、関係法令に基づいて利用者の権利についての情報を利用者に提供する。

2　乙は、利用者を対象とする権利ワークショップを開催し、権利に関する啓発を行う。

第５条（傾聴・意見形成支援活動）

乙は原則として月４回２時間程度、乙に属するアドボケイトを訪問させ、利用者の求めに応じて傾聴・意見形成支援活動を行う。すべての利用者はアドボケイトに個人的に相

談する権利があり、利用者または他者の心身に重大な危害が及ぶ恐れがある場合を除き、相談内容は守秘される。

第6条（意見表明支援・意思決定支援・代弁活動）

1　乙は、利用者の許可または指示のもとに、利用者の意見表明支援・意思決定支援及び代弁活動を行う。

2　乙は、甲に対し、利用者の人権の確保のために、利用者の求めに応じて、口頭または文書により申入を行うことができる。

3　利用者が言葉により指示をすることが困難な場合及び利用者または他者の心身に危害が及ぶ恐れがある場合には、利用者の人権の確保のために、乙は独自の判断により、口頭または文書により甲に対し申入を行うことができる。

4　利用者が関係機関への意見表明（苦情申し立てを含む）を行うことを希望する場合には、乙は必要な手続きを取る。

第7条（参加促進活動）

乙は、アドボカシー活動及び施設生活への利用者の参加を促進するために、アドボカシー利用者委員活動、施設の規則制定・改廃及び児童自立支援計画策定への利用者自身の参加の促進、その他の活動を行う。

第8条（アドボカシー推進員）

甲は、施設内でアドボカシー推進員を選任する。アドボカシー推進員は、アドボケイトの存在と活動について利用者並びに甲の職員等に紹介し認識を促すとともに、アドボカシー活動の推進に必要なその他の協力を行うものとする。

第9条（甲の責務）

1　甲は、アドボケイトの存在と活動について利用者並びに甲の職員等に紹介し十分に認識させることとする。また希望する場合には、すべての利用者が、アドボケイトに相談できるようにする。

2　甲は、利用者からの意見表明または乙による代弁（申入を含む）を受けた場合には、速やかに（原則として1週間以内に、困難な場合には遅くとも1か月以内に）、何らかの誠実な対応を行なったうえで、それを当該利用者及びアドボケイトに対して報告するものとする。

3　利用者が関係機関への意見表明（苦情申し立てを含む）を行うことを希望する場合には、乙が必要な手続きを取ることを甲は了承する。

第10条（乙の責務）

1　乙は、施設訪問アドボカシー活動を通して得た個人情報を、利用者または他者の心身に重大な危害が及ぶ恐れがある場合を除き、乙に所属するアドボケイト、スーパーバイザー、管理者（担当理事等）以外には開示又は漏洩しない。

2　乙は、子どもの権利に関する認識を有し、子どもアドボカシーに関する十分な知識と技術を有するアドボケイトを派遣する。

3　乙に所属するアドボケイト、スーパーバイザー、管理者（担当理事等）が利用者や関係者から情報を得る場合、アドボカシー活動推進のために必要な範囲にとどめ、その

秘密を保持することを保障する。秘密の保持は、業務を退いた後も同様とする。

4 乙に所属するスーパーバイザーまたは管理者（担当理事等）は、各アドボケイトに対して、原則として毎月1回、個別又はグループスーパービジョンを行うものとする。

5 乙に所属するアドボケイト、スーパーバイザー、管理者（担当理事等）は、必要に応じて独立アドボカシー委員会を開催し、利用者の人権の確保とアドボカシーの実現のための、情報の整理・交換・集約や具体的な対応活動に関する協議等を行うものとする。

第11条（システム検討会）

甲及び乙は、アドボカシー活動の状況を踏まえて、利用者の人権の確保及び甲が提供する福祉サービスの質の向上のために、また施設訪問アドボカシー活動の評価と改善のために、システム検討会を開催する。

第12条（社会への提言活動）

1 乙は施設訪問アドボカシーの活動状況に関する年次報告書を作成、公表することができる。

2 乙は施設訪問アドボカシーの活動状況に関する年次報告会を開催することができる。

3 乙は施設訪問アドボカシー活動の状況を踏まえて、社会的な制度改善に向けた提言等の活動を行うことができる。

第13条（利用料金）

乙の提供する施設訪問アドボカシーの財源は助成金によるものとし、甲の利用料金の負担は発生しない。

第14条（期間・更新・解約）

1 本契約の期間は、契約が締結された日から翌年3月末日までとする。

2 本契約は、甲乙いずれかが契約期間満了の3か月前までに異議を述べない限り、同内容により自動的に更新されるものとする。

3 甲又は乙は、利用者の人権の確保とアドボカシーの実現のために明らかな不都合を生じた場合を除き、本契約を契約期間中に解約することはできない。

第15条（協議）

甲及び乙は、本契約書に定めのない事項については、相互間において随時協議して定めるものとする。

　本契約締結の証として、本書2通を作成し、甲乙それぞれ各1通を保管する。

　　　　　　　　　　　　　　　　　　　　　　　年　　　月　　　日

　　　　　　　　　　甲　〒

　　　　　　　　　　　　　　　　　　　　　　　　　　　　　　　　　印

　　　　　　　　　　乙　〒

　　　　　　　　　　　　　　　　　　　　　　　　　　　　　　　　　印

資料3●施設訪問アドボケイトTODOリスト（児童養護施設）

施設訪問アドボケイト・TODO リスト

栄留研究チーム作成 (2019)

訪問前	備考〈自由記入〉
☐ あなた自身はあなたの願いや苦情を他者に伝えられる	
☐ アドボケイトの役割・子どもの権利を理解している	＊アドボケイト4原則　＊子どもの権利条約・国連代替養育の権利・各種施設の最低基準政策文書
☐ 訪問する日時を前もって、子どもに周知	
☐ 訪問前に記録を見て、訪問に何を持参し・何をすべきか確認	
訪問時	
〈導入〉	
☐ アドボケイトの役割を理解できていない子どもに、役割を説明	
☐ 命や犯罪にかかわる場合は、他機関に伝えることを説明	
☐ 面談希望者を募る　☐ いつもと様子が異なる子どもに面談を誘う	
☐ 導入で遊びを入れた場合は、時間制限（遊びで終わらない）	
〈傾聴～意見形成支援〉	
☐ 子どもの個性にあった面談ツールの使用	
☐ 子どもの話を傾聴し、感情を受け止める	
☐ 子どもの言葉を「　　」付きでそのままメモ	
☐ 何を伝え、何を秘密にするか、子どもと確認	
〈意見表明支援〉	
☐ いつ、だれが、どこで、だれに、何を、どのように意見を表明するのか、子どもと話し合う	
☐ 表明する前に、子どもの言葉「　　」のメモを子ども自身に見せる	
☐ 観察による意見表明の場合、権利条約・政策文書を根拠に、質問にする	
〈フィードバック～モニタリング〉	
☐ 子どもの声がどのように反映されたか、反映されなかった理由を説明してもらう	
☐ 子どもの願いが本当に実現したか確認	
☐ さらなる苦情申し立ての手段があること・アドボケイトが手伝うことを説明	苦情申し立て手段→意見箱・苦情受付担当職員・第三者委員・児童相談所・児童福祉審議会
訪問後	
☐ 困難なことは、他のアドボケイト／スーパーバイザーに相談	
☐ 帰宅後3日以内に記録を書く（子どもの言葉「　　」の記載・希望の代弁方法の記載）	

資料5◉ポスター「アドボケイトって何?」(児童養護施設)

－あなたの声を聴き、とどける－

アドボケイトって何?

・あなたの気持ちを聴き、いっしょに考えます。

・あなたがおとなに思いを伝えられるように支えたり、伝えてほしいことがあればかわりに伝えます。

こんなとき、はなしてみませんか?

しょくいんさんには言いません。

・いやなことがあった…

・気持ちをじっくり聴いてほしい…

・たたかれたり、いやなことをされた…

・とくべつにかかわってくれる味方がほしい

お話し以外でも、みんなと遊んだりしたいとおもっています。

よろしくおねがいします!

118

資料7●アドボケイトのメンバー紹介（障害児施設）

アドボケイトのしょうかい
新しいなかまといっしょに訪問します！

あなたの思いをきくために、アドボケイトが毎週1回しせつにきています。
これまでにいろんな思いをきかせてくれてありがとう。今年から新しいアドボケイトが加わります。
あなたのことや、しせつのことなど、新しいなかまにもおしえてあげてくださいね。
あなたからきいたことは、しょくいんやほかの人には言いません。
わたしたちのことについて、しんぱいやしつもんがあれば、〇〇先生につたえてください。

あたらしい アドボケイトは だれでしょう？	①なまえ ②しょぞく ③現在の活動 ④すきなどうぶつ ⑤すきなたべもの ⑥子どものころにすきだったあそび		①〇〇〇〇 ②△△△△ ③子どもの権利ようごに関する相談, 子育て相談 ④ねこ ⑤とんかつ ⑥おはじき
	①〇〇〇〇 ②△△△△ ③子どもの権利ようごに関する相談, 子育て相談 ④ねこ ⑤たけのこ ⑥きせかえ人形		①〇〇〇〇 ②△△△△ ③子育て広場スタッフ ④パンダ ⑤ハンバーグ・パフェ ⑥ゴムとび・土だんご作り
	①〇〇〇〇 ②△△△△ ③子どものこまったことを, 子どもといっしょにかんがえるしごと ④うし（のんびりしている） ⑤みそラーメン ⑥缶けり		
	①〇〇〇〇 ②△△△△ ③大学生 ④いぬ ⑤チョコレート ⑥テレビゲーム		①〇〇〇〇 ②△△△△ ③障害者の相談支援. 障害者が地域で生きることを応援しています ④ぞう, じゅごん ⑤クレープ, そば ⑥セミとり
	①〇〇〇〇 ②△△△△ ③障害児者の相談支援, 社会福祉士の養成 ④つばめ ⑤とりにく ⑥たんけん		①〇〇〇〇 ②△△△△ ③子どもオンブズパーソン, 障害学の研究 ④カメ ⑤とうふ ⑥しょうぎ

訪問スケジュール　金曜日　15時〜17時／土曜日　14時〜16時
1月26日（金）
2月3日（土）, 9日（金）, 17日（土）, 23日（金）
3月2日（金）, 10日（金）, 16日（金）, 24日（土）, 30日（金）

資料8◉寸劇「アドボケイトってどんな人?」のシナリオ（児童養護施設）

寸劇「アドボケイトってどんな人?」(15分)

配役

児童養護施設に入所している小学5年生　あいちゃん（大学生）

小学6年生　みかちゃん（大学生）

小学5年生　さきちゃん（大学生）

施設の職員　田中先生

鈴木さん（アドボケイト）

ナレーター　大学生

1 ナレーター　いまから劇を始めます。ここは、ある児童養護施設です。ここには小学生から高校生までの人たちが一緒に暮らしています。女の子も男の子もいます。

最初に登場人物を紹介します。（みんな並んで、それぞれにお辞儀をする）

まずは主役のあいちゃん、小学5年生です。あいちゃんと同室の一つ年上のみかちゃん、小学6年生です。もう一人、あいちゃんと同室のさきちゃん、小学校5年生です。そして施設の職員の田中先生、そしてあとでみんなに質問するアドボケイト役の鈴木さんです。アドボケイトというのは、施設の職員とは違って、みんなの話を聞いて、一緒に考えるためだけに施設を訪問する人です。施設の職員さんも、園長先生も話を聴いてくれると思いますが、アドボケイトはその人たちとはちょっと違います。劇のなかでよく見ていてください。

さて、あいちゃんはみかちゃんが苦手で、ふだんから同じ部屋で暮らすのは「嫌だなー」と思っていました。あるとき、あいちゃんが親友から誕生日にもらった大切なシャーペンを、みかちゃんが勝手に使っていました。

2 あい　（扉を開けて部屋に入る）ただいま!　あれ、みかちゃん、もう帰ってたの?

3 みか　（机に向かってあいのシャーペンで宿題をしている。後ろを向いたまま……）お帰り。

4 あい　みかちゃん、何やってんの?（みかの背中からのぞき込む）

5 みか　（宿題しながら）……このシャーペン、使いやすいわ……。

6 あい　あれ……?　それ、私のシャーペンだよ。返して……。

7 みか　（あいのほうを向いて）ほんまにあいの?……これ、そこらへんにあったやつだよ……。

8 あい　私の筆箱にあったでしょ。なんで勝手にとってるの。返してよ。

9 みか　なんだ……、おもしろないな……。（シャーペンを投げて返す）

10 あい　（投げられたシャーペンを拾って、急いで自分の筆箱に入れる）

11 ナレーター　あいちゃんはショックでした。そこで、急いで職員の田中先生のところに
　　行きました。

12 あい　田中先生、いますか？
13 田中先生　オー、あいちゃん。帰ってたのか。
14 あい　先生、ちょっと話がある。
15 田中先生　どうしたん？
16 あい　あのね、みかちゃんがあいのシャーペン使うの。あいが学校から帰ったら、あい
　　のシャーペン使って宿題してるの。前にも何度もこんなことあったよ。
17 田中先生　そうか、でもまた、あいちゃんがいつものようにほったらかしにしてたんと
　　ちがう？
18 あい　ちがう、ちゃんと私の筆箱に入れておいたのに、みかちゃんが勝手にとって
　　……。……もう、いい。（背中を向けて部屋をでる）

19 ナレーター　あいちゃんは泣きたい気持ちでした。（しばらく間をおく）
20 ナレーター　数日後のことです。同室のさきちゃんがあいちゃんに話しかけてきました。

21 さき　あいちゃん、鈴木さんのこと知ってる？　私さ、この前、食堂で鈴木さんって人
　　にあいさつされたんだ。で、私が「おばちゃんだれ？」って聞いたんだ。そしたら
　　「4月から来るようになったアドボ……なんとかっていう、話を聞いてくれる人」だっ
　　て。……あの人、ちゃんと話を聞いてくれたよ。毎週日曜日に来るって言っとったわ。
　　今度あいちゃんも鈴木さん来たら一緒に話そう。
22 あい　ふーん……。

23 ナレーター　次の日曜日が来ました。

24 さき　あいちゃん、鈴木さん来てるよ。話しに行かない？
25 あい　ふーん……。

26 ナレーター　あいちゃんはあまり乗り気ではなかったのですが、さきちゃんと一緒に鈴
　　木さんのところに行ってみました。
27 あい　あのさ、鈴木さんってアドボ……なんとかって言うやつ？
28 鈴木さん　はい、そうですよ。アドボケイト。あいちゃんとは、これまで話したことが
　　なかったね。アドボケイトって何か知ってる？
29 あい　あんまりわからへん。でもさきちゃんが、よう話聴いてくれるって言っとった。
30 鈴木さん　そうや。あいちゃんが、話したいこと、施設の先生に伝えたいことがあっ
　　たら、話してみて。もし、施設の先生に伝えたいけど、自分ひとりだと無理やなと

思ったときに、思いを伝えるお手伝いをすることができるよ。

31　あい　　ふ〜ん、そうなんや。

　　　私……最近嫌なことがあってん。

32　鈴木さん　どんなこと？

33　あい　　……あのね。おんなじ部屋のみかちゃんがよくあいの物、勝手に使うんねん。こ
　　　の前はシャーペンを勝手に使って宿題してたの。それを田中先生に言うたら、「あい
　　　がほったらかしにしてるから悪い」って言うねん。ほったらかしてなくて、筆箱に
　　　ちゃんと入れてたのに。私、みかちゃんも田中先生も大嫌い！

34　鈴木さん　そんなことがあったんだ……。そりゃ、嫌やったね……。

35　あい　　（下を向いてこっくりうなずく）

36　さき　　私もそんなことあった。みかちゃんは私らより年が一つ上だし、私らより前から
　　　いるから強いねん。

37　鈴木さん　そうか……。同じ部屋のみかちゃんのことであいちゃんは嫌な思いをして
　　　て、それを田中先生に伝えたら、あいちゃんが悪いように言われて、あいちゃんは二
　　　重に嫌な思いをしたんだね。

38　あい　　（こっくりうなずく）

39　鈴木さん　あいちゃんは、どうしたいと思ってる？

40　あい　　（しばらく考えて……）……田中先生にはわかってほしい……。あいが悪いんじゃ
　　　ないってこと、わかってほしい……。

41　鈴木さん　そうか。あいちゃんは自分が悪いんじゃないってことを田中先生にわかって
　　　ほしいんだね。

42　あい　　（うなずく）ほんとは……田中先生ともう一回話をしたいねんけど、忙しいからか
　　　あんまり聴いてくれへんねん。しかも、あいが一方的に悪いって言われたから、もう
　　　話したくないって気持ちもあるしな。
　　　……うん、もうええねん。あいは子どもやし、なに言っても無駄やねん。

43　鈴木さん　そうか。田中先生が聴いてくれてへんように感じたり、あんまり気持ちをわ
　　　かってくれないって感じて……もう私が我慢すればいいって感じたんやね。……

44　あい　　うん……（納得はいってない顔）

45　鈴木さん　……つらいよね。……さっき、子どもは言っても無駄って感じてるみたいだ
　　　けど、子どもにはおとなにきちんと聴いてもらって、一緒に考えてもらう権利があ
　　　るって知ってる？

46　あい　　え？　知らん。子どもは何でも我慢せなあかんのかと思ってた。うん、もう一度
　　　言ってもいいけど……でも、一人ではちょっと怖いな。……
　　　さっき、鈴木さん言ってたけど、もし田中先生に話するときは、手伝ってくれる？

47　鈴木さん　もちろんやで。一緒に、一度話してみようか。

　　鈴木さんも参加した話し合いの場面

48 ナレーター　あいちゃんは鈴木さんと一緒に職員の田中先生のところに話に行くことになりました。

49 鈴木さん　今回は、私も参加させていただき、ありがとうございます。あいちゃんと話し合いまして、先生に気持ちを伝えたいということで、参加させていただきました。あいちゃん、今日はおもいきって思いを伝えてみような。

50 あい　うん。がんばるわ。

51 田中先生　あい、話したいことって？

52 あい　うん。みかちゃんがシャーペンを勝手に使ったってことなんだけど……。

53 田中先生　うん。でも、あれはあいがそのへんにほっとくんが悪いんやないかって言ったよな。これから片付けをちゃんとできるようにならないとな。

54 あい　……（少しの間。鈴木さんに合図）

55 鈴木さん　あいちゃん、少し緊張しているようですので、私から話してもいいかな。

56 あい　うん。鈴木さんから話して。

57 鈴木さん　以前、あいちゃんとみかちゃんの話をしました。そのときに、あいちゃんはとても大事にしているシャーペンをみかちゃんに勝手に使われたのもつらかったし、田中先生はわかってくれると思って言ったのに、あいが悪いって言われてつらかったとのことでした。あいちゃんとしては、田中先生には本当のことをわかってほしいということだよね。

58 あい　うん。先生は、あいがシャーペンをほっといたってことだったけど、あいは筆箱に入れてたの。だからあいは悪くないって思う。それはわかってほしいって思って。

59 田中先生　そうやったんか。なんか、てっきりあいがそこらへんにほっといたんかと思ってたわ。ちゃんと話も聞かんと、勝手にきめつけてごめんな。これからはあいの話、聞くようにするわ。
あと、みかとのことであいはいろいろ悩んでるみたいやな。今度、あいとみかと先生で話し合いをしよか。

60 あい　いや、そこまではまだせんでええねん。でも、何かまたあったらそういう話し合いもいいと思う。（笑顔）

61 ナレーター　あいちゃんは、自分の思いを先生がわかってくれてうれしかったし、自分の気持ちを言えたことで元気になりました。田中先生もそれ以降、前より話を聞いてくれるようになりました。鈴木さんには、また何か施設の先生がわかってくれなかったり、みかちゃんが嫌なことをしてきたときには相談できるから、よかったなと思っています。

進行役　おわり。

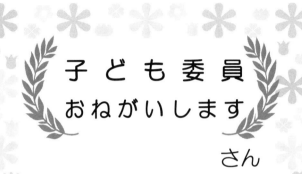

子ども委員
おねがいします

さん

あなたに　施設訪問（しせつほう
もん）アドボカシーの子ども委員
をおねがいします
子どもの思いを　おとなにしっ
かりときいてもらって　あんし
んして暮らせるように　いっし
ょに考えていきましょう

平成２９年１２月１６日

「閉鎖空間」に風が入る効果

サンフランシスコで見た「日常」

毎週同じ病棟に、
同じアドボケイトが滞在し、
入院患者と面会して過ごす。

相談があるときもあれば、
相談がないときもある。

病院からも信頼され、
深刻な人権侵害を未然に
防いでいる。

重篤な人権侵害を再発させないために

千葉県　石郷岡病院での虐待　２０１２年

もし、人権保障制度がある国だったなら・・・

その日がきた場所から
〜うまくいかなくなるしくみ〜

おわりに：
　いつか森になる苗を、
　いろんな手で、いっしょに。

いつか、全ての入所施設で・・・

〇〇〇〇から始まって・・・

2017 年 8 月 2 2 日

子どもとともにつくる訪問アドボカシー

－子どもの思いが聴かれる仕組みづくり－

独立アドボカシー研究会

1．活動報告（2017 年 6 月～8月）

［ステップⅠ］　訪問アドボカシー開始に向けた準備
［活動目標］　　子どもと出会って、関係をつくりたい
［活動内容］
（1）事前訪問（6/7・17・23，7/1・7・15・28，8/5，11）

（2）子どもの権利ワークショップ（7/21・8/15）
・子どもの権利条約　スタンプラリー＆おはなし
・寸劇「アドボケイトってどんな人？」，障害当事者に出会う機会，選択する機会，

（3）職員説明会，ワークショップ（6/2，7/18）
・研究概要と協力のお願い
・権利擁護ワークショップ

2．訪問アドボカシーとは？

（1）子どもの権利条約の４つの柱

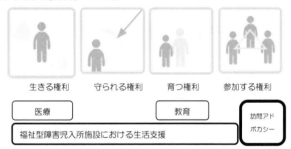

| 生きる権利 | 守られる権利 | 育つ権利 | 参加する権利 |

| 医療 | | 教育 | | 訪問アドボカシー |
| 福祉型障害児入所施設における生活支援 | | | | |

■参加する権利≒意見表明権（子どもの権利条約 12 条・ユニセフ抄訳）
　　子どもは、自分に関係のあることについて自由に自分の意見を表す権利をもっています。その意見は、子どもの発達に応じて、じゅうぶん考慮されなければなりません。

■意見表明権の実現のために支援を提供される権利（障害者権利条約第７条）

1

（2）障害児のアドボカシーとは？

・意見を形成することや、思いや気持ちを表明することに制約がある障害児もまた権利行使の主体として尊重され、<u>子ども自身にかかわる事柄への意思決定を支援し、その過程に参加できるように支援すること</u>

・「障害児の意見表明権は、あらゆる手段で発信される本人の思いを受けとめようとする<u>おとなや社会との関係の中で位置づけられ、応答的な人間関係をつくる権利</u>として換言されることもある」（中村）

・「子どもにとって何がいちばん必要なことかを検討する際に、<u>子どもの声、『声なき声』を含めて、意見を十分に聴くこと</u>」（中村）

中村尚子（2013）『障害のある子どものくらしと権利』全国障害者問題研究会

（3）アドボケイトの4つの役割

ぼく、ひとりでいえるよ。

① 子どもの権利に関する啓発
〈権利ワークショップなどの随時開催〉
子どもの力を信じる人

でも、ついてきてほしいときもあるんだ。

②傾聴・意見形成支援
〈定期訪問〉
子どもの思いを丁寧に聴いて一緒に整理する人

かわりにいってほしいときもあるよ。

③意見表明支援・代弁
〈職員との面談〉
子どもの側に立って子どもが職員に思いを伝えることを支える人

あんしんしてはなしていいんだよ。

④参加促進活動
〈子ども委員の募集〉
子どもが安心して思いを話せる仕組みを子どもと一緒に考える人

2

（４）子どもアドボカシーの実践原則ー施設で暮らす障害児の声

① 独立性： 利害関係がないからこそ、子どもの側に立てる

「ある職員に別の職員のことを話した場合、やっぱり別の職員に言うわけよ」

② 守秘 ：独立しているからこそ秘密を守れる

「秘密を大事にしてくれる人。 話を人に他言しないで、自分だけの話を聴いて
くれる人がいい」（自他の心身に重大な危害が及ぶ恐れがある場合を除く）

③ 子ども主導：子どもがコントロールする

「視覚障がい者の人がうれしい。僕も視覚障がい者やから、一番わかってくれそうや
から」

④ エンパワメント：自尊心や自信を高める

「（職員に）自分が言われへんことを、そのアドボケイトの人に言ってもらったら、
気持ちよく生活できると思います」

（５）障害児施設の職員の声

●訪問アドボカシーのメリット

・「聴いてもらって、解決を求めている子どもはあまりいないんですよね。聴いてもらうこ
とに意義があるみたいなところがあって。聴いてもらって落ち着いて、というところでは
（訪問アドボカシーは）いいかなと思うんです」

・「職員に話すとまた他の職員に言われて、かえってしんどくなるん違うか、と思う子ども
もいる」

・「子どもの思いを第三者がしっかりと受け止めていただくことによって、職員との関係
が別の形になるのではないか。今まではマイナスの表現でしかかかわりをもてなかった子
どもたちが、よいことについて職員と話をする方向に向かっていけるのではないか」

●訪問アドボカシーへの懸念

・「（子どもの思いの）後ろにある背景ですね、今どんな状況にあるか、ここ何日かをどう
過ごしていたのかは・・・この部分がどんなふうに反映されるのかな」

・「話の中身によってはタイムリーにやらなきゃいけないっていう部分とかもある」

3. 活動計画案（2017年9～10月）

［ステップⅡ］　訪問アドボカシーの開始

［活動目標］　　アドボケイトの役割を伝えながら、
　　　　　　　　子どもの思いを聴く仕組みを子どもと一緒に考えたい

［訪問方法］
　誰が　　　：（○○○○：アドボケイトの氏名）（所属：△△△△）
　誰と　　　：子どもと一緒に考えながら
　いつ　　　：金曜日または土曜日　14時～16時
　どこで　　：プレイルームを中心に子どもが望む場所で
　どのように：子ども一人ひとりの思いを聴きながら，複数の子どもと語り合いながら

［9月の訪問日時］
　9月2日（土），8日（金），16日（土），22日（金），30日（土）
　　　　　　　　　　　　　　　　　　　　いずれも14～16時
［子どもへの説明方法］
　①　ポスター掲示
　②　定期訪問時に個別に説明
　③　子どもへの説明会開催
　　　【日時】10月7日（土）夕食時子どもが集まりやすい時間に複数回
　　　【内容】アドボケイトの役割の説明，子ども委員の募集

［研究会メンバーの役割］
　アドボケイト　　　　　：○○○○，○○○○
　アドボケイト協力員　　：○○○○
　スーパーバイザー　　　：○○○○
　コーディネーター（連絡調整役）：○○○○

［手続き］
・研究業務委託契約書（研究会×施設長）
・アドボケイト同意書（アドボケイト×施設長）
・施設訪問アドボカシー利用契約書（子ども情報研究センター×法人）

　　　　「子どもたちから教えてもらう姿勢が大切やと思う。
　　　　それが，子どもたちの思いを聴く技術につながっていくと思います」
　　　　　　　　　　　　　　　　　　　　（福祉型障害児入所施設の職員の声から）

4

アドボケイト利用同意書

自立支援計画票をつくるためにアドボケイトを利用します

なまえ

年　　月　　日 ＿＿＿＿＿＿＿＿＿＿＿＿＿

あなた用とアドボケイト用と２枚にサインしてね。

- -

●自立支援計画票ってね学園で生活する基本になるものなんだよ！

　学園で生活するみんなの分を先生たちが考えて作ってくれています。それを自分の思いを

伝えて作ってもらえるようにアドボケイトがお手伝いします！

●1回目・・・自立支援計画票について説明するよ。わからないことは聞いてね

　2回目・・・＿＿＿＿＿＿＿さんの気持ちとかいろいろ聞かせてね

　3回目・・・自立支援計画票の下書きをしてみるよ！

　4回目・・・学園の先生に自立支援計画票の下書きと気持ちを伝えるよ！

　5回目・・・出来上がった自立支援計画票を見せてもらい、気持ちが伝わっている

か確認するよ！

●アドボケイトと話したことで＿＿＿＿＿＿＿さんの伝えてほしいことだけを学園の先生に伝

えるよ。でも命があぶないと思ったときは、たすけてもらうために先生に伝えることがあるか

もしれない。そのときは、あなたにまず伝えてから、先生に言います。それから、アドボケイ

トの会議で話し合うこと、研究の発表に使わせてもらうことがあります。（もちろん秘密は守

るし、誰のことかわからないようにします！）

★☆★担当の＿＿＿＿＿＿＿＿＿＿です！よろしくね(*^_^*)★☆★

いろいろ おしえて！

これからやること!

お手紙でも伝えましたが、
○○ちゃんが学園で過ごすもとになる
自立支援計画表をつくるための準備です
いくつかの質問に答えてね(´˘`)

休日はなにしてた？

なにかやりたいことはある？

学園の先生に伝えたいことば

学園でこうなったらいいなぁって思うことは？

家族に伝えたいことは？

家族とこうなったらいいなぁって思うことは？

学校でこまってることはありますか？

学校でこうなったらいいなぁって思うことは？

今、魔法が使えたら何をする？

何をしているときが楽しい？

自由時間が1日あったら何する？

中学に行ったら部活はなにをする？

あこがれの人はいますか？

いま、気になることはなに？

いま、心配なことはなに？	お仕事たいけんするならなにがいい？

将来やってみたいお仕事はなに？	おつかれさまでした(●＾o＾●)
	つぎは○月○日　○曜日にきます **よろしくね**

研究協力機関・協力者一覧 ［敬称略］

●協力機関
NPO法人 子どもアドボカシーセンター OSAKA
公益社団法人 子ども情報研究センター
NPO法人 自立生活夢宙センター
NPO法人 ムーブメント
NPO法人 あるる

●協力者
・科研費研究分担者
　久佐賀眞理（元長崎県立大学教授・現シオン園施設長）
　農野　寛治（元大阪大谷大学教授・現常盤会短期大学学長）
・児童養護施設訪問アドボケイト
　浅田昌代・新井智愛・中村みどり・藤井浩子・藤田由紀子
・障害児施設訪問アドボケイト
　内山洋子・奥村仁美・工藤みゆき・山崎秀子
・障害者施設訪問アドボケイト
　衞藤英雄・下川美希・多田頼子・時枝高志・永野賢史・布原義規・林毅・
　前島慶太・前田美貴代・眞壁極志
・研究協力者
　河合翔・鈴木千春・渡邊充佳・山下裕子

以上

執筆者一覧 (50音順)

●栄留里美 (えいどめ さとみ)

所属：大分大学　福祉健康科学部

専門分野：子ども家庭福祉・アドボカシー・ソーシャルワーク

主要業績：栄留里美 (2020)「児童養護施設における訪問アドボカシー実践の評価研究——子ども・施設職員へのインタビュー調査に基づく考察—」『子ども家庭福祉学』20, 日本子ども家庭福祉学会, 53-66

栄留里美 (2015)『社会的養護児童のアドボカシー——意見表明権の保障を目指して』明石書店

堀正嗣・栄留里美 (2009)『子どもソーシャルワークとアドボカシー実践』明石書店

●鳥海直美 (とりうみ なおみ)

所属：四天王寺大学　人文社会学部

専門分野：ソーシャルワーク

主要業績：鳥海直美 (2017)「中高生の知的障害児が取り組む自立生活プログラムの開発——障害児の地域生活支援におけるアクションリサーチを通して」『四天王寺大学紀要』63, 37-54

鳥海直美 (2014)「学齢期の知的障害児への相談支援モデルの開発——〈子どもからはじめる個人将来計画〉を用いた相談支援のアクションリサーチ」『四天王寺大学紀要』57, 269-289

●堀正嗣 (ほり まさつぐ)

所属：熊本学園大学　社会福祉学部

専門分野：障害学・子どもアドボカシー

主要業績：堀正嗣 (2021)『障害学は共生社会をつくれるか』明石書店

堀正嗣 (2020)『子どもアドボケイト養成講座——子どもの声を聴き権利を守るために』明石書店

堀正嗣編著 (2018)『独立子どもアドボカシーサービスの構築に向けて——児童養護施設と障害児施設の子どもと職員へのインタビュー調査から』解放出版社

●吉池毅志 (よしいけ たかし)

所属：大阪人間科学大学　人間科学部

専門分野：精神保健福祉・アドボカシー

主要業績：遠塚谷冨美子・吉池毅志・竹端寛・河野和永・三品桂子 (2016)『精神病院時代の終焉　当事者主体の支援に向かって』晃洋書房

吉池毅志 (2012)「精神科ソーシャルワークとアドボカシー実践 (2) —所属機関外アドボカシーへの『場のシフト』による可能性—」『大阪人間科学大学紀要』11, 59-66

吉池毅志 (2011)「精神科ソーシャルワークとアドボカシー実践 (1) —所属機関内アドボカシーの限界性」『大阪人間科学大学紀要』10, 55-68

アドボカシーってなに？ 施設訪問アドボカシーのはじめかた

2021年4月15日　初版第1刷発行

著者　栄留里美／鳥海直美／堀 正嗣／吉池毅志

発行　株式会社 解放出版社
　　　大阪市港区波除4-1-37 HRCビル3階 〒552-0001
　　　電話 06-6581-8542　FAX 06-6581-8552
　　　東京事務所
　　　東京都文京区本郷1-28-36　鳳明ビル102A 〒113-0033
　　　電話 03-5213-4771　FAX 03-5213-4777
　　　郵便振替 00900-4-75417　HP http://www.kaihou-s.com/

印刷　萩原印刷

障害などの理由で印刷媒体による本書のご利用が困難な方へ

　本書の内容を、点訳データ、音読データ、拡大写本データなどに複製することを認めます。ただし、営利を目的とする場合は、このかぎりではありません。

　また、本書をご購入いただいた方のうち、障害などのために本書を読めない方に、テキストデータを提供いたします。

　ご希望の方は、下記のテキストデータ引換券（コピー不可）を同封し、住所、氏名、メールアドレス、電話番号をご記入のうえ、下記までお申し込みください。メールの添付ファイルでテキストデータを送ります。

　なお、データはテキストのみで、写真などは含まれません。

　第三者への貸与、配信、ネット上での公開などは著作権法で禁止されていますのでご留意をお願いいたします。

あて先

〒552-0001 大阪市港区波除4-1-37 HRCビル3F 解放出版社
『アドボカシーってなに？』テキストデータ係